PROFIL D'UNE

HUIS CLOS
SARTRE

ISSN 0750-2516   ISBN 2-218-01904-3

PROFIL **Collection dirigée par Georges Décote**
D'UNE ŒUVRE

Nikki Csànyi Wills

HUIS CLOS

SARTRE

Analyse critique

par Bernard LECHERBONNIER
Agrégé des Lettres,
Professeur au Lycée Florent-Schmitt
de Saint-Cloud

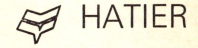 HATIER

Sommaire

Note : Toutes les références à *Huis clos* renvoient à la collection « Folio », Gallimard, 1972.

1 Situation de « Huis clos » dans la pensée et l'œuvre de Sartre

CIRCONSTANCES DE LA COMPOSITION ET RÉSUMÉ

La pièce de Sartre, *Huis clos*, présentée pour la première fois au public parisien en 1944 (sous l'Occupation) constitue, comme on pourra en juger par l'examen de la chronologie qui suit, *la dernière phase philosophique de Sartre avant son engagement dans l'action*. Certainement la guerre et la résistance eurent-elles une influence déterminante sur cette évolution que d'ailleurs un lecteur attentif peut déceler déjà dans *Huis clos*. Y sont abordés les thèmes du pacifisme, de la responsabilité envers ses idées, envers les autres, la déperdition morale par l'argent, les contacts difficiles entre les classes sociales...

Mais il serait erroné de lire *Huis clos* en fonction des prises de position postérieures de Sartre. *Huis clos* est *inséparable* du monument philosophique, *L'être et le néant*, que notre auteur publia en 1943. Cette pièce nous apparaît comme un exercice théâtral écrit en marge de cet ouvrage où le philosophe s'interrogeait non seulement sur le mystère de la condition humaine, mais aussi sur les relations concrètes avec les autres, ce qu'il appelle *le pour-autrui*.

Les autres... On voit comment la vie et la philosophie ont entraîné Sartre à leur accorder une place toujours grandissante. *Les autres*, ce fut d'ailleurs le premier titre de *Huis clos*.

1936-1939 : Sartre a 31 ans en 1936. Agrégé de philosophie, il enseigne successivement au Havre (jusqu'en 1936), à Laon (1936-37) et à Paris (Lycée Pasteur). Mobilisé en 1939 à Nancy, il sera fait prisonnier en juin 1940.

L'importance de la découverte de Husserl (philosophe allemand, 1859-1938) fut considérable sur le jeune philosophe qui, découvrant la phénoménologie [1] à travers son œuvre, consacrera ses premiers écrits [2] au fonctionnement de la conscience, à sa perception du monde. Comment la conscience humaine voit-elle le monde extérieur, tend-elle vers lui, le fait-elle exister à travers elle ? C'est ce problème que l'on retrouve d'ailleurs dans les ouvrages littéraires contemporains de ses préoccupations philosophiques, en particulier *La nausée*, publiée en 1938. Enfin, avec ses deux livres sur l'imagination (*L'imagination*, 1938; *L'imaginaire*, 1940), Sartre revient sur une faculté de la conscience humaine, peut-être la plus déroutante : celle d'envisager ce qui n'est pas...

Des nouvelles suivent *La nausée*, elles seront groupées sous le titre de la première dans un recueil : *Le mur*. Certains des thèmes majeurs de la pensée sartrienne s'y affirment : la mauvaise foi, la responsabilité, l'aliénation (phénomène par lequel un individu devient autre en se soumettant à des institutions, des symboles, etc... qui lui sont étrangers). On les retrouvera dans le grand roman *Les chemins de la liberté* qui, publié plus tard, est commencé avant-guerre avec l'épigraphe suivante : « Le malheur, c'est que nous sommes libres. » Nous verrons plus loin comment toute la philosophie et toute l'angoisse sartriennes sont contenues dans cette sentence...

Enfin, en même temps qu'il écrit simultanément ouvrages philosophiques et romans, Sartre, méditant sur les œuvres de Faulkner, Dos Passos, Nizan, Mauriac, définit les interférences existant entre la création romanesque et la vision

---

1. Méthode qui se propose, par la *description* des choses elles-mêmes, de découvrir les structures transcendantes de la conscience et les essences.
2. *La transcendance de l'Ego*, Librairie Vrin, 1938; *Esquisse d'une théorie phénoménologique des émotions*, Hermann, 1939 (texte essentiel pour comprendre les réactions des personnages dans *Huis clos*).

du monde, la « métaphysique » du romancier. Cela lui permet au passage d'indiquer sa voie à une critique conséquente : « Une technique romanesque renvoie toujours à la métaphysique du romancier, la tâche du critique est de dégager celle-ci avant d'apprécier celle-là [1]. »

1939-1942 : Libéré en 1942 (il s'est fait passer pour civil en suivant une filière d'évasion), Sartre est nommé de nouveau au Lycée Pasteur, puis accède, en 1942, à la chaire de khâgne du Lycée Condorcet, qu'il conservera jusqu'en 1944.

La guerre a ramené le philosophe dans la collectivité, l'individualiste dans une fraternité d'armes et surtout de camp, l'idéaliste au sein de la réalité, l'a obligé en particulier à *voir la mort*. De plus en plus il considérera la liberté dans ses relations avec une situation donnée. Et cependant qu'il poursuit son magistral *L'être et le néant*, il travaille à la rédaction des *Chemins de la liberté* où il décrit à la fois son propre et difficile accès à l'*âge d'homme* et la lâcheté collective de peuples qui, minés par l'individualisme irresponsable, se sont livrés d'eux-mêmes à la défaite devant le fascisme. Avec des amis Sartre tente dès sa libération de constituer un front de résistance, prend en vain contact avec Gide, Malraux... Finalement il ralliera, en 1943, le C.N.E. [2]

(Note : Sartre pendant cette époque se tait, le silence étant le mode de résistance alors préconisé par la plupart des intellectuels. Un article sur *Monsieur J. Giraudoux et Aristote*, en 1940.)

1942-1946 : Sartre, après avoir quitté l'enseignement, partira pour les États-Unis en 1945, d'où il donnera plusieurs articles retentissants. Le succès de sa pièce *Les mouches*, cri de révolte sous l'Occupation, l'influence profonde dans l'atmosphère de la guerre et de la Libération de *L'être et le néant*, la publication des *Chemins de la liberté*, puis la véhémente démonstration de ses deux nouvelles pièces, accompagnée bientôt d'une reprise cinématographique de ses thèmes fondamentaux (la mort, la liberté, la responsabilité), firent de lui le chef de file d'une nouvelle gauche.

---

1. *Situations I*, « La temporalité chez Faulkner », Gallimard. (Est-il besoin d'ajouter que ce conseil détermine la marche de toute approche *honnête* de l'œuvre sartrienne ?)
2. Comité National des Écrivains, organisation des intellectuels résistants.

Celle-ci, entre les mouvements plus anciens (le parti communiste, les trotskistes, les surréalistes), proposait une philosophie et une morale nouvelles connues sous le nom d'existentialisme. Dans une conférence restée célèbre, *L'existentialisme est un humanisme*, Sartre définit les bases de son « mouvement » qui devait surtout trouver dans la revue des *Temps Modernes*, qu'il crée à la Libération, une audience considérable.

Tous ces événements poussaient donc Sartre à s'engager dans l'action, à ramener sa pensée du ciel des idées aux réalités terrestres. Les articles sociaux, politiques, les réflexions sur la révolution, sur la responsabilité de l'écrivain se multiplieront désormais sous sa plume. Il continue cependant d'accorder aux auteurs les plus représentatifs d'une nouvelle conception du monde et de la littérature, une attention souvent critique, mais toujours perspicace : Camus, Blanchot, Bataille, Parain, Ponge... Ce simple choix, si évident aujourd'hui, peu de gens hors de Sartre auraient su le faire dans les années 1943-45.

Cette époque de profonde mutation dans la vie de Sartre est également celle des grandes créations. Au théâtre, en dehors de *Huis clos*, *Les mouches* sont créées en 1943, et *Morts sans sépulture* avec *La p... respectueuse* suivront en 1946. Les deux premiers tomes des *Chemins de la liberté* ont paru en 1943 *(L'âge de raison)* et en 1946 *(Le sursis)*. La même année sont publiées les *Réflexions sur la question juive*. Cependant qu'un scénario (très proche de *Huis clos* par son affabulation) trouve son metteur en scène (J. Delannoy) : *Les jeux sont faits*.

Circonstances de l'écriture de « Huis clos » :

La question de la genèse de *Huis clos* sera étudiée plus loin. Sur le plan anecdotique relevons que Sartre avait, prisonnier, écrit pour ses camarades une pièce, *Bariona*, dont le thème (la naissance du Christ et l'occupation de la Palestine par les Romains) reflétait déjà, sous une intrigue transparente, son souci de s'adresser à la collectivité plongée dans une communauté de situation. Le projet des *Mouches* correspond au même objectif et le sens de la pièce ne trompa personne. Plus tard, pour deux amies, il interrompt la rédaction du *Sursis* : « L'idée de construire un drame très bref, avec un seul décor et seulement deux ou trois personnages, tenta Sartre. Il pensa tout de suite à une situation à huis clos : des gens murés dans une cave pendant un long bombardement ; puis, l'inspiration lui vint de boucler ses héros en enfer pour l'éternité. Il composa avec facilité *Huis clos*, qu'il intitula d'abord *Les autres* et qui parut sous ce nom dans *L'arbalète* (« revue luxueuse » qu'imprimait lui-même Marc Barbezat sur une presse à bras [1]). » Olga Barbezat qui devait jouer la pièce ayant été arrêtée, le projet attendit que le directeur du Vieux-Colombier s'y intéressât et confiât la mise en scène à Raymond Rouleau. (La pièce fut jouée par Gaby Sylvia, Tania Balachova, Vitold, Chauffard, à partir de mai 1944.)

Résumé

Introduit dans un salon Second Empire par un garçon de service, le personnage s'étonne de ne pas trouver d'instruments de torture ; mais perdant bientôt sa belle maîtrise de soi, il envisage l'uniforme horreur de sa condition de prisonnier projeté hors du temps et de l'espace, sans espoir de sommeil ni de contact avec le monde extérieur.

Seul, il est saisi d'une crise de désespoir, quand entre une femme, accompagnée du même garçon ; comme celle-ci le prend pour le « bourreau », il décline son identité : « Garcin, homme de lettres ». Elle s'appelle Inès, semble très sûre d'elle. Claustrés ensemble, ils ne tardent pas à se rendre réciproquement insupportables.

Une jeune et jolie femme est introduite à son tour ; d'abord épouvantée, puis aussitôt « rassurée », elle multiplie les mondanités en se nommant : Estelle. Tandis qu'Inès s'intéresse de très près à elle, dès son entrée, Estelle s'adresse plus volontiers à Garcin qui évoque avec nostalgie sa vie de journaliste, non sans s'interroger sur les raisons incompréhensibles qui ont motivé leur réunion à trois (Inès, employée des postes, Estelle, une mondaine). Nul hasard, nulle erreur, proclame Inès qui tente de les persuader d'avouer leur faute : seule voie pour comprendre leur réunion *en enfer*. Elle dénonce

1. Simone de Beauvoir, *La force de l'âge*, Gallimard, p. 568-569.

violemment leur mauvaise foi, et quand Garcin veut la frapper elle comprend soudain : « Le bourreau, c'est chacun de nous pour les deux autres. »

Garcin tente alors de s'enfermer dans le silence et la solitude, tandis qu'Inès s'attache à séduire Estelle. Celle-ci préférerait les égards de Garcin. Vaincue, Inès relance la confrontation à trois. Chacun devra confesser son existence : ils sont tous trois responsables de la mort de ceux qui les ont aimés. En outre Garcin est un lâche... Inès refuse l'apaisement de la pitié mutuelle que propose Garcin, mais accepterait un pacte qui lui céderait Estelle. Celle-ci se réfugie dans les bras de Garcin, y cherchant une consolation à l'oubli et au mépris qui menacent son souvenir sur terre. Elle lui rendrait en retour la certitude de s'être conduit avec courage, et non de s'être enfui, d'avoir déserté sa cause. Mais l'implacable lucidité d'Inès interdit au couple de se former.

Dégoûté de sa lâcheté comme des deux femmes, Garcin supplie l'Enfer de l'engloutir dans des souffrances physiques. La porte s'ouvre, il recule, choisit pour excuse de ne vouloir laisser triompher Inès. Il décide de rester pour la convaincre... Elle lui rappelle que l'on n'est que la somme de ses actes, que sa lâcheté est le résultat définitif de son existence. Estelle cependant nargue Inès en s'offrant à Garcin. Mais en vain, car celui-ci ne peut l'aimer sous le regard dénonciateur de l'autre.

Après une absurde tentative de meurtre sur Inès, Estelle doit enfin reconnaître sa propre défaite.

Un atroce éclat de rire les réunit à jamais dans la torture morale mutuelle : « L'enfer, c'est les Autres. »

Genèse

Placée hors du temps et de l'espace cette pièce représente cependant, comme l'examen de la chronologie et des circonstances le montre d'évidence, des préoccupations précises de Sartre vers 1944. En approfondissant le choix des thèmes, on constatera qu'ils recoupent des « obsessions » propres à l'auteur, obsessions que des épisodes de sa vie sentimentale et de l'actualité politique venaient de ranimer.
- Dans *Les mots* (l'autobiographie de son enfance, 1964), Sartre rappelle que depuis l'âge le plus tendre il vécut dans

une vision très particulière de la mort : considéré par sa famille comme un génie précoce, isolé des autres enfants par l'admiration de sa mère et de son grand-père, il décida de rédiger une œuvre « posthume », c'est-à-dire une œuvre qui ne serait reconnue qu'après sa mort, qui lui assurerait la postérité dans la mémoire des hommes. Il se mit à fréquenter la mort avec délices : elle était son royaume et le restera longtemps. On voit poindre ici le thème de la *mort-vivante* tel qu'il apparaît dans *Huis clos* et dans le film *Les jeux sont faits* où on assiste également à la « vie » dans l'au-delà.

- La mort de son père empêcha Sartre de connaître l'autorité d'un homme dans la famille. Choyé, mais finalement laissé à lui-même, l'enfant souffrit de cette solitude. Mal préparé au contact avec les autres, à la loi des hommes, vivant replié sur ses rêves, il entretint avec difficulté des relations avec autrui. Ce thème de *l'impossible communication avec autrui* est au cœur de *Huis clos* où sont successivement abordés tous les cas d'échec des relations avec autrui (qu'elles soient morales, intellectuelles, sexuelles). Thème qui se trouve également dàns *Les chemins de la liberté* où les personnages retombent dans leur solitude tragique dès qu'ils veulent y échapper.

La mort et *la solitude* apparaissent ainsi comme deux obsessions majeures.

- L'expérience de la guerre allait les raviver. En effet la guerre rapproche de la mort et pose ainsi concrètement le problème du destin, rapproche des autres et pose celui de notre responsabilité. « L'exil, la captivité, la mort surtout, que l'on masque habilement dans les époques heureuses (...) : il fallait y voir notre *lot*, notre destin, la source profonde de notre réalité d'homme [1]. » « Ainsi la question de la liberté était posée et nous étions au bord de la connaissance la plus profonde que l'homme puisse avoir de lui-même [2] ». En outre, entre l'enfer de *Huis clos* et celui de la guerre, n'y a-t-il pas cette autre correspondance que, dans les deux cas, on a l'illusion d'une liberté à assumer, alors que, en réalité, *les jeux étant faits*, tout choix est absurde : la guerre comme l'enfer de *Huis clos* nous place face à notre situation d'homme,

1. *La république du silence, Situations III*, p. 12.
2. *Ibid.*

à notre liberté à assumer dans les clôtures de l'absurde.
« Tout nous demande notre avis. *Tout*. Une grande interrogation nous cerne : c'est une farce [1]. » Il n'est pas étonnant qu'à la même époque où il écrit *Huis clos*, Sartre rédige *Le sursis* qui commente l'état d'esprit des peuples pris dans la souricière de la guerre.

- La forme du trio dans *Huis clos* a certainement été suggérée à Sartre par l'échec de ce trio affectif que crurent pouvoir mener à bien Simone de Beauvoir et lui-même avec la jeune Olga et qui n'aboutit qu'à des conflits psychologiques et moraux que nous analysons plus loin (p. 35-36). Cet échec, avoue Simone de Beauvoir, fut le choc initial de sa propre œuvre littéraire : « La mésaventure du trio fit beaucoup plus que me fournir un sujet de roman : elle me donna la possibilité de le traiter. » En dehors de la profonde désillusion que cela apporta à Sartre, il convient aussi de noter la valeur de « l'expérience » : le trio sera la meilleure forme pour dénoncer la nature conflictuelle des rapports entre les êtres humains, cette forme étant la plus « impossible » des relations sociales.

En dehors de ces « obsessions » qui ont toutes rapport au contenu de l'œuvre, *Huis clos* reflète encore deux questions sur le langage littéraire, qui préoccupent Sartre à cette époque :
- Quel rapport entretient une œuvre d'art avec les idéees qui la sous-tendent ? Il écrira que l'artiste persiste quand le philosophe a renoncé... Il insiste sur la séparation entre l'œuvre et l'idée : « L'œuvre d'art ne se réduit pas à l'idée : d'abord parce qu'elle est production ou reproduction d'un *être*, c'est-à-dire de quelque chose qui ne se laisse jamais tout à fait penser [2]. » Aussi ce que livre *Huis clos* n'est pas seulement une brillante démonstration philosophique, mais aussi ce qui dans Sartre échappe à Sartre lui-même, la densité de son être. L'étude de la genèse permet de voir combien en effet dans son « abstraction » cette pièce reflète encore les problèmes les plus intimes de l'enfant et de l'homme.
- Comment définir avec exactitude le rôle du langage dans la communication avec autrui ? Les trois prisonniers à huis clos ne peuvent s'empêcher de parler, ne peuvent se taire... Pourquoi ? Parce que leur co-présence les force à exister

1. *La mort dans l'âme.*
2. *Situations III*, p. 159.

non seulement pour eux-mêmes mais aussi pour les autres. Or le langage est ce lien qui concrétise cette obligation d'exister pour autrui, cette impossibilité de s'isoler dans le silence de l'indifférence. En ce sens *Huis clos* est aussi une pièce *sur le langage*.

COMMENT ABORDER « HUIS CLOS »?

Le succès considérable que rencontre *Huis clos* parmi les élèves des classes de Première et de Terminale, ainsi que parmi les étudiants, s'explique certainement par l'aspect à la fois « fantastique » du thème et anti-théâtral de la forme, mais aussi, comme de nombreuses expériences d'enseignement nous l'ont montré, par la rigueur de pensée qui sous-tend tout le texte. Avec *Huis clos* l'explication littéraire ne suffit pas, dénaturerait même le sens de la pièce. Il faut faire appel à d'autres connaissances, à des perspectives nouvelles sur les méthodes critiques. *Huis clos* en ce sens sera pour l'enseignant et les élèves une occasion excellente de travailler sur un texte avec le souci majeur de lire ce texte à travers une pensée, une philosophie qui lui donne sens et portée. (Sinon, on tomberait dans l'absurdité qui consisterait à lire et expliquer les *Pensées* de Pascal en ignorant tout du christianisme.) Les prétendues difficultés (qui tiennent au langage de Sartre autant qu'à la « complexité » ou subtilité de sa pensée) disparaissent rapidement si quelques principes clairs ont été dégagés. Il est d'ailleurs à constater que les élèves, d'eux-mêmes, retrouvent, à partir de là, le cheminement sartrien dans toutes ses bifurcations, le détail du texte les incitant à dépasser les principes vers leurs conséquences les plus fines. A ce stade l'enseignant trouvera toujours dans *L'être et le néant* (ou simplement dans le petit recueil de G. Beigbeder et G. Deledalle [1]) réponse aux questions qui auront été suggérées par tel acte, tel mot, telle réaction de Garcin, Inès ou Estelle. Car il n'est pas un sanglot ou une exclamation qui ne soit « philosophiquement » explicable dans *Huis clos*. L'étude de cette pièce, surtout en classe, peut, à ce compte, devenir un jeu intellectuel ou un exercice de pensée passionnant.

1. *Sartre*, Bordas, S.P.B.

Dans les pages qui suivent nous indiquerons quelques notions préliminaires, indispensables à toute approche du texte, très particulièrement consacrées à la difficulté des relations avec autrui *(le pour-autrui)* et à la *mauvaise foi*.

Le pour-autrui

La différence entre un homme et un objet tient à la conscience que le premier a de son existence, que le second ne possède pas. L'objet ne pense pas le monde extérieur, ne se pense pas, il est enfermé en lui-même ; il est *en-soi*, dit Sartre. En revanche l'homme réfléchit, se voit capable de réfléchir ; par la pensée il juge le monde et se juge. C'est cette faculté qui fait l'originalité et la réalité humaines : l'homme est *pour-soi*, traduit Sartre.

Ce statut privilégié mais aussi angoissant de l'homme dans le monde lui dicte son devoir premier qui est d'assumer les responsabilités que lui confère sa possibilité de penser le monde, de le juger, de le choisir. Les principaux thèmes sartriens dérivent de cette question et se retrouvent dans *Huis clos* : les personnages ont justement été condamnés à l'enfer pour ne pas avoir osé assumer la liberté que leur imposait leur situation d'hommes. Dans la mesure où ils étaient libres comme tout homme, ils auraient dû conduire leur existence, au lieu de se laisser influencer et aliéner.

Si l'homme vivait seul, il serait totalement libre puisque seul pensant le monde, celui-ci n'existerait que pour lui. En revanche, en présence des autres, notre pensée ne peut pas tenir compte seulement d'elle-même mais aussi de celle des autres. Le regard que je jette sur le monde est constamment contredit par celui que les autres jettent sur lui. Aussi entre ma pensée et celle d'autrui s'établit inexorablement un conflit, nos visions du monde faisant exister le monde différemment, la vision des autres heurtant la mienne. La liberté de l'autre a tendance à supprimer la mienne en détournant les choses des significations que je leur donne, en leur en accordant d'autres.

L'existence de l'autre me fait courir un danger encore plus grand : *l'autre me juge, me pense, fait de moi l'objet de sa pensée*. Je dépends de lui, sa liberté (son pour-soi) m'a réduit à l'état d'objet (d'en-soi). « Je suis *en danger*. Et ce danger (est) la structure permanente de mon être-pour-autrui [1]. » En un certain sens je pourrais jouir de cet esclavage sous le regard d'autrui, car je perds ainsi ma position de sujet libre et responsable, je suis devenu un objet. Illusion... Car cette réduction à l'état d'objet ne détruit pas ma position de sujet. Au contraire elle la sollicite. C'est ce que ne cesse de démontrer *Huis clos* tout au long de sa trame. *Car je ne peux sortir de ma condition d'être à la fois sujet et objet* : « Je dois m'établir dans mon être et poser le problème d'autrui à partir de mon être [2]. »

Ceci, pour deux raisons :

- pendant que l'autre me juge, il fait certes de moi son objet, mais en même temps je le juge, c'est-à-dire que je fais de lui mon objet. Nous sommes donc tous les deux simultanément sujet (pensant) et objet (pensé)*.

- en me pensant, l'autre établit un jugement sur moi, un jugement dont je vais tenir compte pour me connaître désormais. Autrement dit l'autre m'oblige à me voir à travers sa pensée, comme je l'oblige réciproquement à se voir à travers la mienne. (C'est le problème central de *Huis clos*, écrit Francis Jeanson dans *Le problème moral et la pensée de Sartre*, p. 215.) Donc « pour obtenir une vérité quelconque sur moi, il faut que je passe par l'autre [3] ».

Pour résumer, je dépends de l'autre qui dépend de moi : cycle infernal que commente si bien la célèbre formule à la fin de *Huis clos* : « L'enfer, c'est les Autres. » Sartre écrivait déjà dans *L'être et le néant* : « L'essentiel des rapports entre les consciences (...), c'est le conflit. [4] »

Il est évident aussi que plus une conscience se sentira coupable, plus elle aura tendance à charger autrui pour se défendre de son jugement, de la portée de son jugement. Les trois criminels de *Huis clos* tentent par mille biais de s'imposer aux autres, par une quelconque supériorité, pour être exempts de leur jugement.

---

1. *L'être et le néant*, Gallimard, p. 326.
2. *Ibid.*, p. 300.
3. *L'existentialisme est un humanisme*, Nagel, p. 66-67.
4. *L'être et le néant*, p. 502.

« Huis clos » drame du pour-autrui

Dans cette pièce Sartre va étudier l'ensemble des attitudes possibles entre les hommes, toutes les relations humaines. Il met à jour les conflits nés du contact entre trois êtres qui pour se supporter mutuellement vont tenter soit de s'unir tous ensemble ou à deux contre un, soit de se taire et de mimer l'indifférence, soit d'établir des relations de violence. On aura reconnu au passage l'amour, l'indifférence, le sadisme, la haine, voire le meurtre. Autant d'échecs. Pourquoi ?

Soit trois cas (étudiés en détail dans *L'être et le néant*, en particulier, p. 444-484, et confirmés par l'étude de la structure de *Huis clos*, p. 23-28 du présent ouvrage) : l'amour, l'indifférence, la haine.

● *L'amour*

On a vu que habituellement j'ai à redouter le jugement d'autrui car il fait de moi son objet :

Mais comme en même temps je fais de lui mon objet, cette dépendance est réciproque : nous nous craignons l'un l'autre. Nos relations sont un conflit permanent :

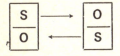

Dans l'amour apparaît une solution : je veux être l'objet de l'autre (je veux qu'il m'aime). Mais l'autre veut également que je l'aime, que je fasse de lui mon objet. Autrement dit quand j'accepte de perdre mes prérogatives de sujet l'autre me contraint à être sujet, son sujet !

Certes c'est un équilibre, mais combien instable, dit Sartre : « J'exige que l'autre m'aime et je mets tout en œuvre pour réaliser mon projet : mais si l'autre m'aime, il me déçoit radicalement par son amour même : j'exigeais de lui qu'il fonde mon être comme objet privilégié en se maintenant comme pure subjectivité en face de moi; et, dès qu'il m'aime, il m'éprouve comme sujet et s'abîme dans son objectivité en face de ma subjectivité. Le problème de mon être-pour-autrui demeure donc sans solution, les amants demeurent chacun pour soi dans une subjectivité totale [1]. »

Illusion et duperie de l'amour, dénonce Sartre qui donne cette preuve : Garcin et Estelle veulent s'aimer, tenter de vivre dans l'illusion, mais que surgisse une Inès, un tiers et tout s'écroule, car sous le regard de ce tiers les amants deviennent deux objets et ne peuvent plus se mentir sur la véritable nature de celui qu'ils aiment et dont ils auraient voulu qu'il fût un pur sujet : « Il suffit que les amants soient *regardés* ensemble par un tiers pour que chacun éprouve l'objectivation, non seulement de soi-même, mais de l'autre (...). L'amour est un absolu perpétuellement *relativisé* par les autres [2]. »

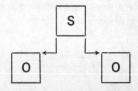

Autrement dit un couple solitaire peut - sur le mensonge - édifier un équilibre plus ou moins stable. Avec le tiers, l'illusion se dissipe nécessairement.

● *L'indifférence*

Garcin tentera de s'isoler sur son canapé, d'oublier les deux femmes et de se faire oublier d'elles. Autre illusion. Car même s'il ne dit rien, il ne peut s'empêcher de penser, les femmes ne peuvent oublier qu'il pense. Garcin est un sujet et il ne dépend pas de lui de n'en être pas un. Sa seule pensée, hors des mots, fait des femmes son objet, et entre elles aucun couple ne sera réalisable, pour la même raison que celle envisagée plus haut. Le tiers est ici Garcin qui les empêche par sa seule présence d'élaborer le mensonge amoureux.

D'autre part, Garcin, pas plus qu'il ne peut s'empêcher

1. *L'être et le néant*, p. 444.
2. *Ibid.*

d'être un sujet pensant les deux femmes, ne peut se sous-traire à leur pensée, d'être leur objet. Son « indifférence » ne le libérera pas d'elles, pas plus qu'il ne peut les libérer de sa propre présence.

• *La haine*

Estelle hait. Elle hait Inès, tente de la nier par cette haine tentera même de la « tuer » par deux fois. En supprimant le tiers elle pourrait ainsi constituer un couple avec Garcin. Sa tentative vise donc à la suppression d'Inès comme sujet les pensant, les « objectivant », et par là même leur coupant l'issue de l'amour. La haine est un sentiment qui vise à la suppression de l'autre. Mais c'est un échec également, car haïr, c'est reconnaître par là même qu'on ne peut suppri-mer l'autre, c'est reconnaître que cet autre est un sujet contre lequel je ne peux rien faire d'autre que d'élever des cris, des malédictions : cette violence d'ailleurs ne signifie-t-elle pas mon échec irrémédiable, mon incapacité profonde à le faire disparaître ?

Ni par la haine, ni par l'indifférence, ni par l'amour, les personnages de *Huis clos* ne peuvent sortir de l'enfer dans lequel nous sommes tous plongés, du fait même qu'il y a les autres et que nous sommes bien obligés de tenir compte de leur présence et de leurs jugements.

Le sens de cette démarche :
L'élucidation de la mauvaise foi

De moi à moi, de moi aux autres, je suis constamment de mauvaise foi, à me donner sans cesse « bonne conscience », à me fuir. Simone de Beauvoir rappelle comment, vers 1930, Sartre découvrit les pouvoirs de la mauvaise foi :

« Sartre forgea la notion de mauvaise foi qui rendait compte, selon lui, de tous les phénomènes que d'autres rapportent à l'inconscient. Nous nous appliquions à la débus-quer sous tous ses aspects : tricheries du langage, mensonges de la mémoire, fuites, compensations, sublimations [1]. » Par la mauvaise foi je tente de me masquer ma liberté et la conscience que j'ai de celle-ci, l'angoisse [2].

1. *La force de l'âge*, p. 134.
2. *L'être et le néant*, p. 94-100 et *L'existentialisme est un humanisme*, p. 28-29.

Estelle et Garcin passent leur temps à vouloir excuser leur action passée (la désertion, le mariage, l'infanticide) par des faux-fuyants (le thème du « Qu'auriez-vous fait à ma place ? ») que dénonce le regard implacable d'Inès. Apparaissent à l'aide de la bonne conscience qui se cherche des principes transcendants et décoratifs : la Nécessité, le Raisonnable, la Raison d'État [1]...

Cette aliénation de la volonté libre est favorisée par la difficulté qu'éprouve l'homme à se connaître [2] et par la rapide assimilation de notre être au personnage social que nous jouons et qui oblitère à nos propres yeux notre réalité : Garcin se présentant : « Je suis Joseph Garcin, publiciste et homme de lettres. » Je *suis*... !

Que je prenne cette apparence au sérieux, et je suis un *salaud*. Roquentin fait le tour des salauds de Bouville en visitant la salle du musée consacrée aux grands hommes de la ville. (Là-dessus se greffe la critique sartrienne de l'humanisme classique [3].) A travers tous les romans, toutes les pièces de Sartre, la dénonciation des salauds est véhémente, angoissée, car ce qu'il y a d'insupportable dans la fuite des salauds devant leur liberté et dans leur prétention de régenter les autres sur leur propre faillite, c'est que pour se justifier, pour s'innocenter, ils cherchent à inoculer aux autres, à leurs victimes généralement, leur faute et leur mauvaise conscience. Les bourreaux des résistants dans *Morts sans sépulture* veulent persuader leurs victimes de leur lâcheté.

Hors des salauds, ceux qui « se cacheront, par l'esprit de sérieux ou par des excuses déterministes, leur liberté totale, je les appellerai lâches [4] ».

Estelle et Garcin sont les lâches par excellence, et toute la mécanique de la pièce tend à percer les excuses qu'ils ont construites pour se protéger :
- D'abord le respect des conventions sociales de politesse et de bienséance doit interdire aux autres de questionner

---

1. Pour dominer les autres en toute bonne foi et assurer son autorité sur la répression, L. Fleurier découvrira ses « responsabilités et ses droits » de jeune chef (*L'enfance d'un chef*, *Le mur*). Pour fuir le malheur en se convainquant de l'inefficacité de toute résistance, le peuple d'Argos (= le peuple français sous l'Occupation) invente la Culpabilité collective (*Les mouches*).
2. Sartre, *La transcendance de l'ego*, p. 69-70 : « L'Ego est fuyant », et *Esquisse d'une théorie des émotions*, p. 42-43.
3. Sartre, *La nausée*, Le livre de poche, p. 165-166.
4. *L'existentialisme est un humanisme*, p. 84.

et interroger brutalement. Dès le début de la pièce Garcin propose aux deux femmes de garder entre eux la plus extrême politesse. Estelle joue à la femme du monde effarouchée par les mauvaises manières de Garcin (il voulait retirer son veston) et par la situation sociale d'Inès (employée des postes). Rapidement ce fragile obstacle sera renversé sous leur curiosité mutuelle, et le *tu*, la deuxième personne du singulier, signifiera la mise à nu des êtres.

- Garcin et Estelle évoquent chacun à sa façon la nécessité pour expliquer leur vie. Ils tentent de se décharger ainsi de leur responsabilité. Mais la pauvreté d'Estelle peut-elle excuser son mariage de raison avec un homme d'âge? Le respect de son mari, son infanticide? Garcin peut-il espérer qu'on oublie sa fuite, que les événements l'innocentent? Un militant pacifiste doit-il fuir quand éclate la guerre?

- Ils cherchent à aveugler les autres pour mieux s'aveugler. Ils réussissent à renverser à ce point les choses qu'Estelle passerait pour « une petite sainte » et Garcin pour un « héros sans reproche », n'était Inès qui les juge...

En réunissant la dénonciation de la mauvaise foi à la question des relations concrètes avec autrui, Sartre donne une leçon « morale » incontestablement très dure : il dévoile à la fois le jeu faussé des sentiments et autres pièges sociaux, et la vanité de l'individu englué dans les mensonges qui lui permettent de se supporter.

Huis clos ou comment les hommes se mentent entre eux et comment ils se mentent à eux-mêmes...

2 | Étude descriptive du texte

L'absence de toute « intrigue » et de tout dénouement caractérise cette pièce dont la structure dramaturgique, bien proche des formes de l'*anti-théâtre*, sera étudiée plus loin. Il convient toutefois d'analyser d'abord la progression de *l'action* (tout intérieur aux êtres) selon un double mouvement :

- Étant une description du pour-autrui à travers ses « échecs », *Huis clos* confronte l'ensemble de ses attitudes que nous étudierons successivement : indifférence, amour, sadisme, masochisme, désir sexuel, haine...
- Le cadre de l'enfer choisi par Sartre présente trois structures organisatrices : la séquestration, le trio, la mort-vivante. Choix non indifférent et non innocent comme nous l'avons annoncé et comme nous le confirmerons.

A partir de ces éléments, les trois personnages pourront être appréciés selon les catégories morales proposées par l'auteur, dans une étude sur leur comportement.

Enfin l'examen de quelques symboles mettra en valeur l'art de Sartre à cristalliser théâtralement sa pensée.

Le mot *action* a été avancé... Où est l'action dans *Huis clos* ? Son lieu scénique est l'esprit des personnages où s'effectuent deux prises de conscience :

• celle d'être *réellement* en enfer avec tout ce que cela comporte : châtiment, absence de sommeil, inaction, oubli des hommes, inutilité de toute révolte, etc.

Exemples :

GARCIN : « Attendez... Attendez : pourquoi est-ce pénible ? Pourquoi est-ce forcément pénible ? J'y suis : c'est la vie sans coupure » (p. 17).

INÈS : « Nous avons eu notre heure de plaisir, n'est-ce pas ? Il y a des gens qui ont souffert pour nous jusqu'à la mort et cela nous amusait beaucoup. A présent, il faut payer » (p. 40).

INÈS : « Morte! Morte! Morte! Ni le couteau, ni le poison, ni la corde. C'est *déjà* fait, comprends-tu ? Et nous sommes ensemble pour toujours » (p. 93).

• celle, angoissante, du fonctionnement de cet enfer : chacun des trois est à la fois bourreau et victime des deux autres.

Exemples :

GARCIN : « Eh bien, il faudra que nous allions jusqu'au bout. Nus comme des vers : je veux savoir à qui j'ai affaire » (p. 52).

INÈS : « Et *vous*, vous êtes un piège. Croyez-vous qu'ils n'ont pas prévu vos paroles ? Et qu'il ne s'y cache pas des trappes que nous ne pouvons pas voir ? Tout est piège. Mais qu'est-ce que cela me fait ? Moi aussi, je suis un piège » (p. 65).

Cette double prise de conscience étant accomplie, la pièce se terminera sur un rire atroce qui nous projette dans l'horreur de l'éternité, et, après le déchiffrement de l'allégorie, face à l'inaltérable absurdité de la condition humaine.

LES UNITÉS DE TEXTE
DANS LEUR PROGRESSION

Réciproquement les hommes se traitent comme des instruments aux fins de leur propre liberté, d'où la nature conflictuelle de tout rapport entre eux : le mécanisme de *Huis clos*, en broyant les trois personnages, démontre cette thèse par la destruction systématique des trois formes d'accord possibles :

• Jamais les trois ne pourront s'accorder ensemble :
GARCIN : « Nous nous courrons après comme des chevaux de bois, sans jamais nous rejoindre » (p. 65).

● Jamais deux d'entre eux ne pourront s'accorder contre ou en dehors du troisième :
GARCIN (à Estelle) : « Laisse-moi. Elle est entre nous. Je ne peux pas t'aimer quand elle me voit » (p. 92).

● Jamais les trois ne pourront s'isoler dans une indifférence mutuelle :
INÈS : « Vous pouvez vous clouer la bouche, vous pouvez vous couper la langue, est-ce que vous vous empêcherez d'exister ? » (p. 50).

Avant d'en arriver à cette constatation, les personnages vont tenter tous les moyens habituels pour se protéger de l'autre, de sa liberté de juger qui met chaque conscience à la torture : tentatives de s'isoler de l'autre, de le nier (indifférence feinte de Garcin), de le posséder (amour d'Inès pour Estelle, d'Estelle pour Garcin), de le supprimer (meurtre d'Estelle sur Inès), mais chaque fois ils sont déboutés de leur mauvaise foi, ramenés à leur intolérable vérité.

Analyse de la progression

● *Première tentative*

Nier les autres en s'excluant d'eux (c'est-à-dire en les excluant de soi), par *le silence, l'indifférence.*

P. 42-49 : attitude de Garcin qui décide de s'isoler, par le silence, du bavardage des deux femmes (Inès tente de captiver Estelle).

Double échec :

a. Inès ne supporte pas le silence (pensif) de Garcin, elle le sait présent et pensant; il ne peut décider de s'anéantir comme sujet, à son gré. INÈS : « Votre silence me crie dans les oreilles (...) Arrêterez-vous votre pensée ? Je l'entends, elle fait tic tac, comme un réveil, et je sais que vous entendez la mienne. Vous avez beau vous rencogner sur votre canapé, vous êtes partout... » (p. 50).

b. Estelle, traitée comme un objet par l'homosexuelle Inès, ne veut pas y être réduite; elle est attirée par Garcin, un homme qu'elle possédera comme elle sera possédée par lui. La présence même de Garcin rend caduc le projet d'union homosexuelle.

Chercher un accord avec les autres (généralement avec l'un des deux autres contre le troisième) sur la base d'une possession réciproque (plusieurs figures possibles).

P. 49-57 : deux mouvements parallèles mais contradictoires : Garcin fait des avances brutales (et vulgaires) à Estelle et cependant lutte de sincérité avec Inès, ce qui lui permet de gagner sur les deux tableaux, en isolant Inès par sa première attitude, en excluant Estelle par la seconde.

Échec : la fausseté et l'ambiguïté de cette attitude lui retirent toute possibilité de réalisation ; car si Garcin en dialoguant avec Inès séduit effectivement Estelle (qui ne demande que cela), il fait par là même éclater sa mauvaise foi et sa vanité (« Parce que moi, je ne suis pas vulnérable », p. 56) : c'est-à-dire qu'il donne prise à la lucidité d'Inès, dont le regard accusateur détruira tout achèvement d'un couple Garcin-Estelle fondé sur le mensonge (la sincérité équivoque des « aveux » de Garcin peut à la rigueur convaincre Estelle - qui d'ailleurs s'en moque -, mais l'expérience quotidienne montre que le mensonge, s'il est possible dans un duo, transparaît constamment dans le regard du tiers).

P. 57-61 : union de Garcin et d'Inès pour arracher les aveux d'Estelle, véritable torture morale où le *sadisme* de Garcin (Inès lui fait remarquer qu'il a « une gueule de bourreau ») et la *méchanceté* d'Inès (« Moi, je suis méchante : ça veut dire que j'ai besoin de la souffrance des autres pour exister », p. 57) se satisfont de la possession morale de leur victime.

Échec : en le faisant souffrir on réduit l'autre à être son objet ; mais ce plaisir de possession absolue s'arrête lorsque, d'une part, la soumission de la victime, obtenue, celle-ci n'est plus qu'un objet pantelant duquel il n'y a plus de plaisir à tirer puisqu'il n'y a plus rien à briser en lui (plus de liberté), et que, d'autre part, la victime, même si elle cède « physiquement », me tient tête au fond d'elle-même (INÈS : « Et à moi ? Tu m'en veux, à moi ? » ESTELLE : « Oui », p. 62). (La dialectique du sadisme dans la torture sera le thème même de *Morts sans sépulture*.)

P. 62-70 : Garcin propose un pacte de « bonne volonté » ou de « pitié » à Inès (GARCIN : « Il faut que nous nous perdions

ensemble ou que nous nous tirions d'affaire ensemble »;
« Moi, je peux avoir pitié de vous. Regardez-moi : nous sommes
nus. Nus jusqu'aux os et je vous connais jusqu'au cœur.
C'est un lien. », p. 63 et 66). Surmonter la situation par l'intel-
ligence ou par le cœur. Comme gage de sa bonne foi, Garcin
abandonne Estelle à Inès.

Échec : Estelle n'est pas un objet : ce pacte, qui révèle,
de nouveau, la mauvaise foi de Garcin, ne correspond pas à
la situation, et ceci pour deux raisons :
a. L'échec de l'indifférence jouée a bien montré que ce
n'était pas tant le silence qui comptait, mais beaucoup plus
ce qui se passait à l'intérieur de la tête des autres, et mon imagination ne pourra cesser d'en être tourmentée.
b. Estelle est une femme et une volonté libre : « Garcin,
regarde-moi, prends-moi dans tes bras. » Il est évident que
l'union des intelligences proposée par Garcin exclut la moitié
de l'homme, le corps, et que la réduction d'Estelle à un objet
est contraire à la nature de sa liberté et à la situation : elle
ne se donnera pas à Inès, et y fût-elle contrainte, Inès ne
s'en satisferait pas, car ce qu'elle cherche dans le don d'Estelle, c'est celui d'une volonté libre qui accepte de se laisser
posséder.

P. 70-84 : Garcin et Estelle se jouent la comédie de
l'amour sous le regard d'Inès enflammée de jalousie. Estelle,
à la poursuite de l'oubli (de sa situation), promet à Garcin
l'oubli de sa lâcheté. Par le mensonge physique elle s'apaise-
rait, par le mensonge moral il trouverait le calme...

Échec : chacun cherche, dans l'amour de l'autre, autre
chose que ce qu'il veut (et peut) donner. Elle veut *posséder*
un homme qui la fasse exister en la possédant (« Même si tu
étais un lâche, je t'aimerais, là ! Cela ne te suffit pas ? », p. 83).
Cela ne peut suffire à Garcin qui veut posséder dans la conscience de l'autre la preuve de sa non-lâcheté (« S'il y avait
une âme, une seule, pour affirmer de toutes ses forces que je
n'ai pas fui, que je ne *peux pas avoir* fui, que j'ai du courage,
que je suis propre, je... je suis sûr que je serais sauvé ! »,
p. 81-82). A la limite, le couple (comme tout couple) pourrait
se réaliser sur l'étroite crête du mensonge réciproque, mais
ici l'ironie du regard que porte Inès sur eux (« Ha ! elle te
dirait que tu es Dieu le Père, si cela pouvait te faire plaisir »,

p. 83) rend « obscène[1] » ce mensonge (comme le faisait plus haut le regard de Garcin pour la comédie de l'homosexualité menée par Inès).

• *Troisième tentative*

Nier les autres en s'excluant d'eux (non seulement moralement par *l'isolement*, mais aussi physiquement : *le suicide*) ou en les excluant, soit moralement *(la haine)*, soit moralement et physiquement *(le meurtre)*.

P. 85-87 : Garcin supplie qu'on le laisse sortir de cet enfer moral, préférant la torture physique. La porte s'ouvre. Il reste.

Échec :

a. Encore une fois Garcin éprouve sa mauvaise foi et sa lâcheté (qui en fait est la manifestation de celle-ci). Lui qui ne cesse de chercher l'oubli de ses lâchetés passées, dans son recul incarne tout ce qu'il ne voudrait pas être : un lâche incapable d'aligner ses actes sur ses paroles (le journaliste pacifiste qui fuit devant la guerre, le prisonnier qui, en restant, trahit ses propres souhaits). Comme dans chacune des autres tentatives, il fuit devant la *situation*.

b. Dans la solitude de la souffrance physique, il n'échapperait pas au jugement des deux femmes, en particulier à celui d'Inès (« C'est toi que je dois convaincre : tu es de ma race. T'imaginais-tu que j'allais partir ? Je ne pouvais pas te laisser ici, triomphante, avec toutes ces pensées dans ta tête; toutes ces pensées qui me concernent », p. 87-88). En outre, dans le choc avec autrui, il éprouve au moins sa liberté, ne serait-ce que dans sa puissance de faire souffrir l'autre. Sinon il ne serait plus que *l'objet* du mépris d'Inès.

P. 87-94 : Estelle tente d'exclure Inès en la tuant (ce qui est la manifestation concrète de ce qui l'anime depuis longtemps envers elle, à savoir la *haine*).

Échec :

a. Garcin sauvera Inès, car il a besoin d'elle pour la convaincre (cf. supra, première agression, p. 87).

---

1. Au sens sartrien du terme, c'est-à-dire « inconvenant », ou « impossible » : l'accent est mis sur le sens moral du mot, et non sur le sens physique.

b. Inès est déjà morte, inaccessible. (On pourrait reprocher à Sartre la facilité de cet argument dû à la facticité théâtrale : ce serait mal en comprendre le sens qui concerne la mauvaise foi d'Estelle. Elle *agit* non en fonction de la situation réelle (pour la deuxième agression), la mort, mais comme si elle était encore sur terre. Sartre dénonce en elle l'illusoire activité de ceux qui fuient une situation donnée, par une conduite « magique », un comportement inefficace qui satisfait cependant la mauvaise foi.)

c. Tuer n'a pas de sens, car en mourant l'autre nous fige pour l'éternité dans sa conscience, et par réfraction dans la nôtre ; nous ne pourrons désormais échapper à ce jugement irréversible (cf. *Morts sans sépulture*, les problèmes de « conscience » des miliciens).

Reste alors la *haine*, son cycle, son surgissement boueux, son échec également permanent, car *haïr*, tension maximale de la liberté à la recherche de la destruction d'autrui, est en même temps la reconnaissance *de facto* de mon asservissement à cet autrui que je cherche à anéantir magiquement, à nier férocement par ma pensée. La haine est la révolte absolue et vaine de ma liberté contre les autres libertés, contre la possession de mon pour-soi par leur pour-soi. C'est la conduite du pour-autrui dévoilée, les ruses de l'amour, de l'indifférence, etc., ayant été percées. « La haine représente simplement l'ultime tentative, la tentative du désespoir. Après l'échec de cette tentative, il ne reste plus au pour-soi qu'à rentrer dans le cercle et à se laisser ballotter de l'une à l'autre des deux attitudes fondamentales [1] ».

La « psychologie » sartrienne coïncide pleinement avec l'approche phénoménologique (descriptive), proposée dans *L'être et le néant*, des relations avec autrui. Elle épouse le détail des attitudes possibles entre les deux pôles de référence qui sont ceux de *l'amour* et de *la haine*, le désir d'être réduit à son en-soi et celui de n'être qu'un pour-soi. Échecs constants dus à l'inaltérable dualité de ma condition et de celle d'autrui. Ces thèmes se retrouvent dans toute l'œuvre littéraire de Sartre et, en s'affirmant, prennent des développements moraux (souvent politiques) latents dans *Huis clos*.

---

1. Sartre, *L'être et le néant*, p. 484.

LES TROIS STRUCTURES ORGANISATRICES

L'enfer sartrien se caractérise par une violente distorsion des rapports du temps et de l'espace (maximum de temps - l'éternité - dans le minimum d'espace - une pièce) subie à travers une égale distorsion des rapports humains : le duo est remplacé par le trio et de ce fait le discours (normal) *face à face* est remplacé par le discours (dangereux) *de biais* [1].

Les dimensions morale et psychologique de *Huis clos* se définiront donc par l'imbrication de ces trois structures organisatrices : *la séquestration, la mort, le trio* [2].

La séquestration

• *Se retrouver soi-même*

Comme les deux autres, la structure de la séquestration se retrouve fréquemment dans l'œuvre de Sartre qui y situe les grands drames de la pensée : l'approche de la mort (les condamnés à mort dans *Le mur*), l'aliénation mentale *(La chambre)*, l'élucidation tragique de la conscience (les futurs martyrs de *Morts sans sépulture*, le « choix » imposé à Lizzie dans *La p... respectueuse*), le jugement décisif de l'Autre (la claustration double, dans *Les mains sales*, de Hugo face à Olga, après l'avoir été face à Hœderer), etc. Il y a aussi la loge de Kean et la chambre de Frantz dans les pièces plus récentes (*Kean*, 1954; *Les séquestrés d'Altona*, 1960). Mais le thème de la séquestration, en dehors de ces exemples évidents, est omniprésent dans l'œuvre sartrienne, qu'il s'amplifie jusqu'aux dimensions d'un camp de prisonniers *(La mort dans l'âme)* ou qu'il se réduise à la plate-forme d'un clocher *(ibid.)*. Ne parlons pas des *chambres* ou appartements où vivent les personnages de *L'âge de raison* (par exemple) et qui ressemblent à des cocons sécrétés par leurs habitants, cocons où ils se cachent, se déchirent, attirent l'autre pour le détruire (Lola, Daniel, Mathieu, Marcelle, ...).

La situation de l'homme séquestré (surtout s'il l'est avec

---

1. Lorsque je parle à un interlocuteur en présence d'un tiers, celui-ci nous voit *de biais* et ainsi nous juge.
2. Nous suivrons l'ordre de leur apparition dans la conscience des personnages (et des spectateurs) : la séquestration (évidente dès le début), le trio (qui en se formant acquiert la compréhension de son fonctionnement), la mort (dont l'idée ne se cristallise vraiment que dans le *rire* final).

d'autres) favorise une amère prise de conscience et un besoin de *jugement* (de la part des co-prisonniers, ou, si l'on est seul, de la part des « autres » dont il est désormais impossible de changer le jugement sur soi). Pourquoi ?

La séquestration fait éprouver physiquement à l'homme, à l'en-soi de son corps qui sert d'intermédiaire, qu'il dépend de la liberté d'autrui (qui l'a incarcéré), c'est-à-dire qu'il est réduit à l'état d'objet. La négation de sa liberté revient à l'oblitération totale de son pour-soi. La seule rébellion contre cette situation in-humaine est la projection dans le passé (autojustification, rappel d'une liberté bien assumée...) ou dans l'avenir (projets pour assumer cette liberté, rachat éventuel). C'est pourquoi la situation des condamnés à mort *(Le mur, Morts sans sépulture)* comme celle des « morts » *(Huis clos, Les jeux sont faits)* se révèle intolérable, car ni au passé, ni au futur, ils ne peuvent espérer modifier le jugement d'autrui sur eux. Ils sont *impuissants,* leur liberté, leur pour-soi, ne peut plus se manifester pour modifier rien de l'objectivation où ils sont physiquement et moralement prisonniers.

Cette impossibilité de fuite dans le passé ou l'avenir ramène violemment les séquestrés de *Huis clos* sur eux-mêmes. Ils ne peuvent plus *agir,* se faire autres qu'ils sont : ils *sont éternellement ce qu'ils se firent,* vivants, libres. Or, c'est d'admettre cette évidence qui les torture. INÈS : « Seuls les actes décident de ce qu'on a voulu » (p. 89). Leur examen de conscience ne pourra que se répéter sur des faits irréversibles, accomplir un cycle infernal.

• *L'autre est encore là*

Le dilemme de l'homme sartrien oppose son désir de solitude (c'est-à-dire sa peur du jugement des autres) et sa tension vers eux, nécessaire à la révélation de sa propre existence. Mais l'intrusion de l'autre signifie un viol intolérable de la personnalité que notre mauvaise foi a ébauchée : cf. les réactions d'Estelle, p. 59, aux questions d'Inès et Garcin : « Laissez-moi tranquille. Vous me faites peur », etc. Intrusion inévitable : « L'autre est indispensable à mon existence, aussi bien qu'à la connaissance que j'ai de moi [1]. » Le « monde

---

1. Sartre, *L'existentialisme est un humanisme,* p. 67.

de l'intersubjectivité » nous emprisonne de l'intérieur : c'est à cette règle que croit pouvoir échapper Garcin en proposant le pacte du silence à Inès et Estelle : « Se taire. Regarder en soi, ne jamais lever la tête » (p. 42). Or la présence physique de deux personnes dans la même cellule rend cela impossible. C'est tout le problème du langage que Sartre dans *Situations I* aborde ainsi : « Reste que l'*autre* est là, qui comprend à son gré mes paroles, ou qui peut refuser de les comprendre (...) Voilà cette femme immobile, haineuse et perspicace, qui me regarde sans mot dire, pendant que je vais et que je viens dans la chambre. Aussitôt tous mes gestes me sont aliénés, volés, ils se composent là-bas, en un horrible bouquet que j'ignore ; là-bas je suis gauche, ridicule. Là-bas, dans le feu de ce regard. Je me redresse, je lutte contre cette lourdeur étrangère qui me transit. Et je deviens, là-bas, trop dégagé, trop fat, ridicule encore. Voilà tout le langage : c'est ce dialogue muet et désespéré. Le langage, c'est l'être pour autrui (...) Mais s'il est vrai que parler, c'est agir sous le regard de l'Autre, les fameux problèmes du langage risquent fort de n'être qu'une spécification régionale du grand problème ontologique de l'existence d'Autrui [1]. » A partir de cette description, on comprendra aisément comment la mise-en-séquestration des personnages de *Huis clos* revient à mener une expérience fondamentale (une expérience de laboratoire) sur le langage comme mode d'être pour-autrui.

La séquestration aura aussi l'intérêt de provoquer l'écroulement de toutes les barrières sociales (politesse, respect humain, hypocrisie...) qui rendent, comme La Rochefoucauld l'a montré depuis longtemps, la société possible. Ni le barrage de la politesse proposé par Garcin (p. 25), ni les réticences d'Estelle à se livrer (p. 57-59) ne tiendront longtemps contre le désir qu'ont les autres de torturer leur entourage pour se prouver à eux-mêmes qu'ils sont meilleurs que lui. Il faut que l'autre soit aussi un assassin, un *complice*, pour qu'il soit ma victime en même temps que je suis la sienne. Cycle infernal, car mon partenaire, pour les mêmes raisons d'autojustification, ne cessera de m'affliger. Si la culpabilité de l'autre me justifie, l'autre éprouvera le même besoin de me rappeler constamment la mienne. INÈS : « Nous sommes

1. Sartre, *Situations I*, Aller et retour, p. 236-237.

en enfer. Et personne ne doit venir. Personne. Nous resterons jusqu'au bout seuls ensemble. C'est bien ça ? En somme, il y a quelqu'un qui manque ici : c'est le bourreau (...) Le bourreau, c'est chacun de nous pour les deux autres » (p. 41).

La torture morale serait-elle encore pire que la torture physique ? *Huis clos* et *Morts sans sépulture* posent cette question, mais en en dénonçant la fausseté. Garcin, qui s'écrie : « Plutôt cent morsures, plutôt le fouet, le vitriol, que cette souffrance de tête, ce fantôme de souffrance, qui frôle, qui caresse et qui ne fait jamais assez mal » (p. 85), reste cependant. L'épreuve physique n'a de sens que par la connaissance qu'elle apporte de soi. Et ici encore l'incarcération concentre (surtout si elle est l'antichambre de la mort) parfois sur un acte, sur une parole, la révélation de ma nature. (Les futurs martyrs de *Morts sans sépulture*, du *Mur* trahiront-ils leur chef ou non ?) Dans l'incarcération, certains, par leur faculté de dépasser la torture physique *et* morale, trouveront leur salut. La plupart, comme ces prisonniers de *La mort dans l'âme*, joindront, dès les premières heures de captivité, à leur déchéance physique (saleté, laisser-aller...) la lâcheté morale (asservissement au maître, jalousie, dénonciation, crédulité). L'univers concentrationnaire, c'est l'homme jeté hors du temps (le temps suspendu dans l'attente), hors de l'action, hors des conventions sociales, c'est l'homme réduit à lui-même, c'est-à-dire soit à une liberté, à un pour-soi qui s'assume, soit à un corps, un en-soi, qui s'enlise dans l'asservissement, dans le visqueux.

Le trio

• *Le thème*

Parmi les œuvres de Sartre présentant des *trios* soit en formation, soit en décomposition, relevons *L'âge de raison*, dont la rédaction est antérieure à *Huis clos*, mais à peu près contemporaine de l'échec affectif du trio expérimenté par Simone de Beauvoir et lui-même (et sur lequel nous allons revenir). En effet *L'âge de raison* présente deux trios superposés : Marcelle-Mathieu-Ivich et Mathieu-Marcelle-Daniel. Ce qui correspond très exactement au trio Beauvoir-Sartre-Olga et (très probablement) à celui Sartre-Beauvoir-Mario, tels qu'ils apparaissent dans *La force de l'âge*. Ces trios sont constamment instables, et c'est un supplice supplémentaire que d'avoir dans *Huis clos* stabilisé pour l'éternité une forme de groupe, instable de nature, parce que, dans sa structure même, intenable.

Dans le trio, *je* suis obligé d'exister pour mon interlocuteur, le *tu*, mais aussi pour le spectateur, le *il*. Le *je* et le *tu* peuvent, comme on l'a déjà montré, former un couple grâce à la « confiance » (ESTELLE : « Si tu veux ma confiance il faut commencer par me donner la tienne », p. 83; cf. aussi la formation du couple Ève-Pierre dans *Les jeux sont faits*) c'est-à-dire grâce au mensonge. Mais *il* qui nous voit de biais, qui apprécie notre « comédie » (mot répété par Inès), qui, n'y étant pas directement inclus, peut s'en écarter psychologiquement et affectivement, détecte nos alibis, nos réticences, le caractère factice de la communication. Perturbant la relation pour-autrui, *il* la révèle dans toute sa mauvaise foi [1]. Constamment ce thème revient dans *Huis clos* : p. 51, p. 74, p. 75 (INÈS : « Faites ce que vous voudrez, vous êtes les plus forts. Mais rappelez-vous, je suis là et je vous regarde. Je ne vous quitterai pas des yeux, Garcin; il faudra que vous l'embrassiez sous mon regard »), p. 82, p. 92... Le tiers, c'est le voleur (INÈS : « Et elle? elle? vous me l'avez volée : si nous étions seules, croyez-vous qu'elle oserait me traiter comme elle me traite? », p. 50).

Aucun salut, aucun pacte à trois n'est possible, d'autant plus que la relation privilégiée qu'est l'amour s'instaurant entre deux des membres du trio, ne peut devenir effective sous le regard du troisième. On a vu que dans l'amour, mon but était de devenir la chose de l'autre, de la liberté de l'autre qui m'a choisi, d'être « à l'abri » dans une liberté qui « fonde mon être comme objet privilégié ». Je demande à l'autre d'être un pur sujet, « mais il suffit que les amants soient *regardés* ensemble par un tiers pour que chacun éprouve l'objectivation, non seulement de soi-même, mais de l'autre. Du même coup l'autre n'est plus pour moi la transcendance absolue qui me fonde dans mon être, mais il est transcendance-transcendée, non par moi, mais par un autre (...) Telle est la vraie raison pourquoi les amants recherchent la solitude. C'est que l'apparition d'un tiers, quel qu'il soit,

---

1. C'est pourquoi le trio a toujours été une forme choyée par les dramaturges : elle permet d'opposer le discours direct du duo au discours triangulaire dont les données psycho-dramatiques de base sont totalement différentes.

est destruction de leur amour (...). L'amour est un absolu perpétuellement *relativisé* par les autres. Il faudrait être seul au monde avec l'aimé pour que l'amour conserve son caractère d'axe de référence absolu[1] ». Autrement dit Garcin ne peut puiser dans la conscience d'Estelle le fondement de son existence, car au même moment Inès le réifie (fait de lui une chose, un objet) par sa propre conscience, et tous deux deviennent sous son regard des prisonniers, et non deux absolus qui se fondent réciproquement.

Sartre a rendu cette inaptitude du trio à un quelconque accord, tout à fait sensible par la complémentarité de leurs faiblesses personnelles. Un lâche, une diabolique, une évaporée, ou, d'un autre point de vue, un homme, une homosexuelle et une femme, ce qui permet toutes les « figures » psychologiques et sentimentales possibles. En outre leur situation sociale, apparemment sans rapport, les oppose définitivement : l'employée des postes, la femme entretenue, le journaliste. Les données psychologiques s'imbriquant dans cette classification d'ordre professionnel, on aboutit à des types sociaux et caractériels dont la réunion annonce un sabordage mutuel. Pas de hasard :

INÈS : « Un hasard, n'est-ce pas ? (...) Je vous dis qu'ils ont tout réglé. Jusque dans les moindres détails, avec amour. Cette chambre nous attendait. » (...)

ESTELLE : « Alors tout est prévu ? »

INÈS : « Tout. Et nous sommes assortis. » P. 36-37.

Garcin remarquera d'ailleurs bientôt que dans chacune de leurs trois vies, leur faute s'inscrit à l'intérieur d'un trio où ils se conduisaient en tyrans. Ils seraient punis « par là où ils auraient péché ». Dans l'existence d'Inès, son intrusion dans la vie d'un couple qu'elle détruit. Dans celle de Garcin, une maîtresse qu'il impose à sa femme. Dans celle d'Estelle, un mari et un amant.

GARCIN (à Inès) : « Trois. Vous avez bien dit trois ? »

INÈS : « Trois. » GARCIN : « Un homme et deux femmes ? »

INÈS : « Oui. » GARCIN : « Tiens... » (p. 55).

Donc, pas de hasard en enfer : on subit l'enfer que l'on a mérité...

---

1. Sartre, *L'être et le néant*, p. 444-445.

● *Une expérience personnelle*

L'expérience du trio remonte en réalité à la toute petite enfance de Sartre, au trio familial qui l'éleva (deux femmes, un homme). L'absence du père, de l'autorité, reflète une carence du côté viril qui s'affirme dans tous les trios sartriens où l'influence des femmes a tendance à supplanter la faible volonté d'un Garcin, d'un Mathieu. Le trio, par son déséquilibre physique, annonce un déséquilibre moral. C'est la formule incomplète par excellence, celle dont pâtiront Sartre, Simone de Beauvoir en présence d'Olga [1].

On se référera à *La force de l'âge* pour suivre attentivement l'histoire de cet échec [2] et à *L'âge de raison* pour, à travers le portrait d'Ivich, confronter la vision que Sartre eut d'Olga, à celle qu'en propose Simone de Beauvoir, dont voici un certain nombre de réflexions jalonnant la narration :

● « Notre premier soin fut d'édifier pour elle, pour nous un avenir : au lieu d'un couple, nous serions désormais un trio. Nous pensions que les rapports humains sont perpétuellement à inventer, qu'*a priori* aucune forme n'est privilégiée, aucune impossible [3]. »

● « Il était rare qu'elle se fâchât avec Sartre sans m'envelopper dans son hostilité. Parfois aussi, pour se venger de ma tiédeur, elle se rapprochait ostensiblement de lui et me battait froid; puis, soudain, cette inimitié entre nous l'affolait et elle se retournait contre Sartre [4]. »

● « Ainsi nous trouvâmes-nous tous les trois malmenés par cette machine doucement infernale que nous avions agencée. (...) Certainement, (les ombres) n'auraient pas pris tant d'importance si nous avions vécu à Paris; nous aurions eu bien des recours : nos amis, des distractions. Mais notre trio vivait sous cloche, en serre chaude, dans l'oppressante solitude de province [5]. »

● « Olga m'obligea à affronter une vérité que jusqu'alors,

1. Notre insistance sur ce point provient du fait qu'en ce lieu privilégié se rencontrent visiblement la problématique de l'homme et celle du philosophe et que de toute évidence *Huis clos*, *L'âge de raison* (Sartre) et *L'invitée* (S. de Beauvoir) en expriment la cristallisation littéraire.
2. Simone de Beauvoir, *La force de l'âge*, p. 248-269, 348-352, 374-378.
3. *Ibid.*, p. 250.
4. *Ibid.*, p. 265.
5. *Ibid.*, p. 266.

je l'ai dit, je m'étais ingéniée à esquiver : autrui existe, au même titre que moi, et avec autant d'évidence. (...) Séparée de moi, elle me regardait avec des yeux étrangers qui me changeaient en objet; parfois une idole, parfois une ennemie (...) je perdis un peu de mon assurance; j'en souffris [1]. »

• « Ce qui m'ébranla davantage encore, ce furent les dissensions qui parfois m'opposaient à Sartre (...) Je m'avouai qu'il était abusif de confondre un autre et moi-même sous l'équivoque de ce mot trop commode : nous [2]. »

• « Mais, en face d'elle, Sartre lui aussi se laissait aller au désordre de ses émotions; il éprouvait des inquiétudes, des fureurs, des joies qu'il ne connaissait pas avec moi. Le malaise que j'en ressentis allait plus loin que la jalousie : par moments, je me demandai si mon bonheur ne reposait pas tout entier sur un énorme mensonge [3]. »

La mort-vivante

• Un regard sur le passé

Le mur, Morts sans sépulture présentent des condamnés à mort qui font le bilan de leur vie. Dans *Huis clos*, dans *Les jeux sont faits*, possibilité est donnée à des morts de reconsidérer leur passé (et même dans le film de tenter d'y remédier). Ce thème se retrouve sous une forme quelconque dans la plupart des œuvres de Sartre. Il met en évidence notre responsabilité de vivants, dénonce nos alibis d'autojustification, esquisse une morale de l'homme absurde qui tendra, malgré tous les obstacles, à sa réalisation par celle de sa liberté. C'est bien évidemment dans *Les mots*, comme nous l'avons indiqué p. 11-12, qu'il faut rechercher le germe de cette obsession sartrienne [4] avec cet exercice spirituel consistant à se projeter hors du temps pour s'apprécier : « Cette vie que je trouvais fastidieuse et dont je n'avais su faire que l'instrument de ma mort, je revenais sur elle en secret pour la sauver; je la regardais à travers des yeux futurs et elle m'apparaissait comme

1. *Ibid.*, p. 267-268.
2. *Ibid.*, p. 268.
3. *Ibid.*, p. 269. Cette étude sur le trio pourrait se prolonger dans deux directions que suggère S. de Beauvoir : 1) l'influence sur son œuvre (la valeur cathartique de *L'Invitée* n'est pas niable) et celle de Sartre, 2) l'interprétation psychanalytique de la formation de ce trio, interprétation, il est vrai, récusée par l'auteur.
4. Cf. Sartre, *Les mots*, p. 78, 160-167, 203 sqq., Gallimard.

une histoire touchante et merveilleuse (...) Je choisis pour avenir un passé de grand mort et j'essayai de vivre à l'envers. Entre neuf et dix ans je devins tout à fait posthume[1]. »

Cette attitude se retrouve étrangement dans l'ontologie de *L'être et le néant* : « (La mort) est le triomphe du point de vue d'autrui sur le point de vue *que je suis* sur moi-même (...). Pour (la vie morte), les jeux sont faits et... elle subira désormais ses changements sans en être aucunement responsable. (...) rien ne peut plus lui *arriver* de l'intérieur, elle est entièrement close (...) mais son sens ne cesse point d'être modifié du dehors[2]. » La mort, c'est le bilan de l'existence laissé entre les mains des autres : « Être mort, c'est être en proie aux vivants » *(ibid.)*. Un homme « n'est rien d'autre qu'une série d'entreprises, ... la somme, l'organisation, l'ensemble des relations qui constituent ces entreprises[3] ». Aussi le condamné à mort, le mourant, les personnages de *Huis clos*, désormais incapables de modifier rien de leur passé, sont-ils contraints à poser sur leur passé le regard qu'autrui y posera, de se juger sur ce bilan, sur ce navrant bilan... On voit comment l'artifice d'une survie dans *Huis clos* ou dans *Les jeux sont faits* sert un projet fondamental de Sartre (qui, d'ailleurs adaptera le procédé à ses romans en faisant faire à ses personnages des examens de conscience après leur mort[4]). Garcin ne peut se voir qu'à travers le jugement des vivants : « Je leur ai laissé ma vie entre les mains (...) Ils font le bilan sans s'occuper de moi, et ils ont raison puisque je suis mort » (p. 81).

Aucune autojustification frelatée ne peut tenir contre la dénonciation universelle : le passé, c'est l'enfer (les « autres » dans *Huis clos* n'étant évidemment pas les seuls co-prisonniers mais aussi les survivants dont je suis la proie : c'est d'ailleurs ce qui justifie la technique des retours en arrière ou du dédoublement visionnaire (*Huis clos*, *Les jeux sont faits*) qui nous sensibilise à l'inaptitude des morts à « refaire » leur passé, à achever une vie laissée en suspens.

GARCIN : « Je suis mort trop tôt. On ne m'a pas laissé le temps de faire *mes* actes. »

---

1. *Ibid.*, p. 165.
2. Sartre, *L'être et le néant*, p. 624-628.
3. Sartre, *L'existentialisme est un humanisme*, p. 58.
4. Cf. Sartre, *Le sursis*, Le livre de poche, p. 405-406.

INÈS : « On meurt toujours trop tôt - ou trop tard. Et cependant la vie est là, terminée : le trait est tiré, il faut faire la somme. Tu n'es rien d'autre que ta vie. » (p. 89.)

Certains termes sont repris textuellement dans *Les jeux sont faits* [1] où les morts confirment que « Tout le monde rate sa vie », une vie qu'on « n'achève » jamais dans la crédulité à notre éternité : « Ma vie était devant moi, close, fermée, comme un sac, et pourtant tout ce qu'il y avait dedans était inachevé. (...) J'avais passé mon temps à tirer des traites pour l'éternité, je n'avais rien compris [2]. »

• Sauver le sens de sa vie par un acte

Devant cette faillite, le dernier sursaut sera de se *sauver* par un acte ultime qui anéantisse tout le passé et justifie l'existence. Un acte de courage sauverait le lâche Garcin, l'en-soi de son passé; l'objet de jugement qu'il est devenu sous le regard des autres, d'un coup, se métamorphoserait. Mais comment est-il mort? « Mal », avoue-t-il (p. 79). Comment réagira-t-il devant la gueule ouverte de l'enfer physique? Il reculera. A deux reprises il a raté son dernier acte salvateur... En revanche Mathieu, en se sacrifiant pour une cause collective qui le dépasse, s'assume et se sauve (*La mort dans l'âme*).

Les résistants martyrs, futurs « morts sans sépulture », devront justifier leur vie sous l'épreuve physique, malgré l'apparente injustice de cette « loi » : « C'est injuste qu'une minute suffise à pourrir toute une vie. »

Ce dernier acte ne saurait être d'origine « individualiste », le coup de couteau que se donne Mathieu dans la main (*L'âge de raison*) ne signifie rien d'autre que son impuissance à être authentique : c'est le bel acte qui ne dévoile que la mauvaise foi de son inspiration. On n'agit pas seul, on agit à l'intérieur d'une collectivité, qui, elle seule, donne sens à l'acte.

Francis Jeanson, d'autre part, dans son analyse de *Huis clos* [3] assimile cette mort-vivante à celle « à quoi se condamnent les hommes lorsqu'ils renient leur propre liberté et s'efforcent de nier celle de leurs semblables ».

1. Sartre, *Les jeux sont faits*, Nagel.
2. Sartre, *Le mur*, Livre de Poche, p. 25.
3. Fr. Jeanson, *Sartre par lui-même*, Éd. du Seuil, 1955, p. 25-31.

Huis clos serait alors une dénonciation de *l'attitude d'échec* dans laquelle se complaisent les hommes non libres, incapables de modifier l'avenir. C'est cette absence de responsabilité qui créerait surtout la vulnérabilité à autrui. « *Huis clos*, ne serait-ce pas le drame de tous ceux qui vivent une vie close, repliée sur soi, une vie toujours sur la défensive à l'égard d'autrui et par là totalement livrée au regard d'autrui [1] ? »

LES TROIS PERSONNAGES

Théâtre « métaphysique » ? Théâtre « idéologique » ? En tout cas le reproche a été fait à Sartre d'incarner des idées en des personnages faibles, inconsistants, qui - pas plus que ceux de ses romans - n'emportent la conviction : dans *Huis clos* cette faiblesse, les mécanismes psychologiques étant mis à nu dans un dépouillement extrême, augmenterait au contraire l'impact de la pièce : le heurt des idées épouse la violence du dialogue et des rapports affectifs.

Ce sont des cas extrêmes, dira-t-on aussi. Justement ce sont ceux qui mettent le plus en évidence les difficultés mentales éprouvées par les êtres dans la machine sociale, comme le note S. de Beauvoir (rappelant son intérêt et celui de Sartre dans les années 1930 pour les procès à sensation) : « Les cas extrêmes nous attachaient, au même titre que les névroses et les psychoses : on y retrouvait exagé-gérées, épurées, dotées d'un saisissant relief les attitudes et les passions des gens qu'on appelle normaux. (...) Dans ces explosions, toujours une vérité se révèle, et nous trouvions bouleversantes celles qui délivrent une liberté. Nous accordions un prix particulier à toutes les turbulences qui mettaient à nu les tares et les hypocrisies bourgeoises. » Le geste de l'assassin, c'est le dévoilement d'une tendance paroxystique de notre être, une libération, et il est fort probable que le spectateur sera surtout agacé par le personnage qui lui ressemblera davantage, rien n'étant plus insupportable que la démonstration de notre mauvaise foi.

---

1. Cette interprétation de Jeanson nous paraît assez lointaine des intentions de Sartre au moment où il écrivit sa pièce. Même si ses écrits et prises de position postérieurs ont tendance à la confirmer.

Garcin

Dès son entrée en scène il se trahit : son indifférence jouée, sa nervosité, ses vains accès de colère, son bavardage et ses questions au garçon annoncent un homme incapable de se maîtriser, un « comédien » : « Après tout, je vivais toujours dans des meubles que je n'aimais pas et des situations fausses ; j'adorais ça » (p. 14). Lui-même *est* une situation fausse : il affecte la bravoure pour se cacher sa peur.

Inès, malgré les dénégations qu'il oppose (« Je ne prends pas la situation à la légère et je suis très conscient de sa gravité. Mais je n'ai pas peur », p. 24), presque immédiatement le découvrira : « Vous n'avez pas le droit de m'infliger le spectacle de votre peur » (p. 26). Et ce peureux a voulu être un héros (« Je n'ai pas rêvé cet héroïsme. Je l'ai choisi », p. 89), se racontant des histoires pour échapper à la réalité... Même en enfer il cherche constamment à se la masquer : bien qu'il prétende vouloir « regarder la situation en face » (p. 17), il menace Inès dès qu'elle la dévoile : « (la main levée) Est-ce que vous vous tairez ? (...) Prenez garde à ce que vous allez dire » (p. 41).

En cette incapacité d'assumer sa situation et ses actes, se révèle toute la personnalité de Garcin, le lâche : tout ce que l'on connaît de son passé converge vers ce qu'il révèle dans le présent. Sa fuite devant la guerre, sa « défaillance corporelle » devant le peloton d'exécution recoupent sa fuite devant la réalité infernale et son recul devant l'enfer physique. Les excuses qu'il se trouve chaque fois sont autant de « conduites magiques » tendant à une suppression de l'obstacle. Sartre a analysé dans son *Esquisse d'une théorie des émotions* cette conduite magique d'anéantissement de l'objet extérieur par évasion hors des conditions réelles [1].

Le choix qu'a effectué Garcin, en fuyant, sacrifiant ainsi son système de valeurs affiché (le pacifisme), désigne chez lui une *absence de liberté* : il a préféré se soumettre à la nécessité plutôt que d'assumer par la mort le choix (libre) qu'il fit de ses idées. Son angoisse part de là. Sa mauvaise foi ne peut, sous le regard d'Inès, lui dissimuler qu'il fut responsable de ce qu'il attribuait à la « force des choses ».

---

1. Sartre, *Esquisse d'une théorie des émotions*, p. 43 sqq., en particulier.

Celui qui prétend pouvoir choisir sa vie, doit le faire jusqu'à la mort y comprise. Ce qui ne veut pas dire que Garcin ait un « tempérament » de lâche, montrera Sartre dans *L'existentialisme est un humanisme* : « Ce qui fait la lâcheté, c'est l'acte de renoncer ou de céder, un tempérament ce n'est pas un acte ; le lâche est défini à partir de l'acte qu'il a fait [1]. » Il n'y a pas « psychologiquement » de lâche ou de héros *a priori*.

De même la « vulnérabilité » de Garcin n'est pas une structure de son être, mais est la conséquence logique de ses réactions dans une situation donnée.

INÈS : « Je t'avais dit que tu étais vulnérable. (...) Tu es un lâche (...) parce que je le veux » (p. 89).

Il est vulnérable comme tout homme à sa place, dans sa *situation* : deux « vrais » chefs, Jean Aguerra [2] *(L'engrenage)* et Gœtz *(Le diable et le bon Dieu* [3]*)*, ont également besoin qu'une conscience les acquitte de leurs trahisons. Leur dureté de caractère ne les abrite pas du regard d'autrui.

Comme compensation à la faillite de sa liberté, à la maîtrise de soi, Garcin tentera de s'emparer de celle d'autrui : il menait sa femme en esclave, il s'en vante avec ostentation devant Estelle déjà captivée (p. 53-54). Comme sa lâcheté, son sadisme se révèle bientôt dans l'interrogatoire insultant qu'il fait subir à Estelle (p. 57 à 61). Détruire l'autre, c'est établir une nécessité, *sa* nécessité dans le monde, c'est masquer la gratuité du monde, de sa marque, c'est s'inventer (cf. *Érostrate* et *Le diable et le bon Dieu*). Quelle compensation pour celui qui éprouve son néant de liberté, comme Garcin...

Angoissé par sa servilité, Garcin, dont la mauvaise foi se dévoile à chaque moment de la pièce, a recours aux derniers palliatifs, le mensonge, le sadisme, pour prétendre exister, pour manifester sa volonté libre.

Estelle

Comme celle de Garcin, son entrée en scène la peint tout entière : n'est-il d'ailleurs pas normal que cette *situation* décisive (l'accès à l'univers de la mort) soit *d'un coup* révélatrice de toute la personnalité d'un individu ? Après une

1. Sartre, *L'existentialisme est un humanisme*, p. 60.
2. Sartre, *L'engrenage*, Nagel, cf. p. 189.
3. Sartre, *Le diable et le bon Dieu*, Le livre de poche, p. 220.

défense angoissée due à une confusion (sa peur d'être confrontée à la *réalité* de sa faute, son amant défiguré), elle reprend en *riant* le dessus et adopte des poses affectées en échangeant des mondanités : la couleur des canapés la frappe davantage que le fonctionnement de l'enfer.

Adoptée par la bourgeoisie (ce changement de classe sociale explique en grande partie son comportement) elle en a les préjugés (son dédain insolent d'Inès, employée des postes), les préventions, et ceci jusqu'à la caricature : la bourgeoisie, par ses nettes classifications, lui a permis de s'élever, c'est-à-dire d'exister, en anéantissant les autres sous le mépris. Le confort du conformisme social l'assure de la certitude des apparences où elle se complaît. Avec la « meilleure » foi, elle excuse (ou plutôt explique) sa conduite en la plaçant sous deux valeurs estampillées par la morale traditionnelle : la Nécessité (alliée à la générosité : « Je n'ai rien à cacher. J'étais orpheline et pauvre, j'élevais mon frère cadet. Un vieil ami de mon père m'a demandé ma main. Il était riche et bon, j'ai accepté... », p. 39), le Coup de Foudre : « Il y a deux ans, j'ai rencontré celui que je devais aimer. Nous nous sommes reconnus tout de suite » *(ibid.)*. Ainsi se trouvent d'un coup justifiés un mariage de « raison » et l'adultère.

Grâce à ces *valeurs*, la mauvaise foi d'Estelle est beaucoup plus invulnérable que celle de Garcin. Son refus des responsabilités se reflète dans son refus à peine croyable de la réalité infernale : « Est-ce qu'il ne vaut pas mieux croire que nous sommes là par erreur ? » (p. 38). Ses précautions verbales (elle préconise l'emploi du mot *absent* au lieu de *mort*), sa coquetterie, ses caprices (« Je ne peux pas supporter qu'on attende quelque chose de moi. Ça me donne tout de suite envie de faire le contraire », p. 37) subsisteront jusqu'à la dernière page où poignardant en vain Inès, elle se heurtera enfin à la réalité de *sa situation de morte*.

Estelle représente la fuite dans l'imaginaire, la fuite magique hors du monde pour le posséder débarrassé de sa réalité qui fait avorter tout projet (cf. *L'imaginaire*). Elle peut subsister dans le *comme si*, car elle y a toujours vécu. La seule condition est que les autres jouent comme elle, qu'ils acceptent ce mensonge.

A la rigueur elle pourrait s'entendre avec Garcin, lui mimant l'amour, elle le réconfortant dans son héroïsme. L'imaginaire, au secours de leur mauvaise foi. Mais il y a Inès... Estelle le sait, qui tentera de la tuer par deux fois.

Les hommes sont ses alliés dans sa tentative d'oublier la réalité du monde. Dans le mensonge de l'amour, de cette possession réciproque où chacun devient l'objet et l'absolu de l'autre, le monde semble échapper à sa pesanteur habituelle. On a l'impression de *posséder* (de fonder quelqu'un dans son existence) et d'en être *possédé* (d'être ainsi fondé). On échappe à l'absurdité. Disparue dans l'esprit de son dernier amour (p. 70) terrestre, elle s'accroche à Garcin : « Est-ce que vous êtes un homme ? Mais regardez-moi donc, ne détournez pas les yeux... » *(Ibid.)* L'absence d'un désir d'homme dans ses yeux comme l'écroulement des conventions bourgeoises *la ramènerait à elle.*

Du trio elle est la plus capable d'assassinat. Dès que sa construction imaginaire est menacée, elle n'hésite pas à anéantir l'obstacle : Inès aujourd'hui, l'enfant hier. Car son infanticide n'était qu'une mise en ordre du destin : « Mon mari ne s'est jamais douté de rien » (p. 61). Elle parle du bébé comme d'un objet encombrant. Une excuse légitimée par la morale viendra bien arranger cet accroc.

Inès ne pouvant plus être tuée, restera à Estelle la dernière conduite magique possible, la haine : mais ici elle se bute à un échec permanent, car si elle tend à anéantir son objet, la haine n'y parvient pas en *réalité*. La haine d'Estelle sera la punition de ses meurtres : elle ne peut plus nier la réalité, elle se cabrera en vain contre elle. Elle est prise au piège du réel que toute son histoire a tendu à nier.

Du moment où elle s'est vendue à un homme, Estelle s'est livrée à un jeu d'apparences d'où elle ne peut sortir qu'en prenant avec terreur conscience de son existence vide. Elle qui a toujours vécu *par rapport à*, doit subsister *pour elle.*

Inès

Contrairement à Garcin, elle se tait *en entrant* en enfer : silence qui étonne le garçon lui-même. Aussitôt agressive envers Garcin, elle « revendique » sa *situation* avec hauteur, usant même, le cas échéant, de la provocation : « Naturellement je suis prise au piège. Et puis après ? Tant mieux, s'ils sont contents » (p. 66). Cette authenticité qui rejette tous les alibis (« Pour qui jouez-vous la comédie ? Nous sommes entre nous (...) Entre assassins. Nous sommes en enfer, ma petite, il n'y a jamais d'erreur et on ne damne jamais les gens pour rien », p. 40) lui permet de découvrir la mécanique infernale très rapidement et de percer aussitôt la mauvaise foi de Garcin et d'Estelle. Elle admet ses fautes et son châtiment, elle se connaît (« De la bonne volonté... Où voulez-vous que j'en prenne ? Je suis pourrie », p. 64) et n'a pas à revenir sur un passé qu'elle assume : « Elle est en ordre, ma vie. Tout à fait en ordre » (p. 33). Pas de regrets (cf. p. 56), une imperméabilité totale au malheur d'autrui : « Je suis sèche. Je ne peux ni recevoir ni donner ; comment voulez-vous que je vous aide ? » (p. 64).

Tous ces aspects (lucidité, indifférence au passé, refus des alibis) l'opposent systématiquement à la fuite dans l'oubli et à la vie imaginaire que recherchent les deux autres personnages. Elle semble invulnérable, et pourtant... Soit ce dialogue avec Estelle, qui trahit d'ailleurs totalement leur personnalité :

ESTELLE : « ... quand je ne me vois pas, j'ai beau me tâter, je me demande si j'existe pour de vrai. »

INÈS : « Vous avez de la chance. Moi, je me sens toujours de l'intérieur » (p. 44).

Cette introvertie est une passionnée qui tout en la connaissant parfaitement ne peut échapper à sa passion : « C'est toi qui me feras du mal. Mais qu'est-ce que ça peut faire ? Puisqu'il faut souffrir, autant que ce soit par toi » (p. 45). Elle ira jusqu'à relancer la torture lorsqu'elle semble s'apaiser. En se faisant complice de l'enfer, elle tend à le dépasser et surtout fait des deux autres ses victimes, jouissant sadiquement de leur souffrance [1] (cf. p. 35-36, 48, 68...). Masochisme et sadisme [2] interfèrent constamment dans son âme : elle annonce le personnage de Gœtz qui tentera par l'ascèse de la

---

1. Son attitude rappelle beaucoup celle de Daniel dans *La mort dans l'âme* dont l'homosexualité s'allie également au goût de la perdition, aux souffrances insurmontables, à la culpabilité affichée, au satanisme. Dès *L'âge de raison*, Daniel trouvait dans le sentiment de sa méchanceté, dans la joie de sa culpabilité, la compensation à sa honte d'homosexuel (cf., en particulier, p. 219).
2. *Sadisme* : déviation sexuelle consistant à prendre plaisir d'une cruauté infligée au partenaire. *Masochisme* : déviation inverse, plaisir d'une cruauté subie.

souffrance (imposée aux autres comme à lui-même) de devenir « un monstre tout à fait pur ».

Mais elle est vouée à l'échec. Son sado-masochisme ne peint que sa honte de l'homosexualité. Daniel dans *L'âge de raison* confie à Mathieu : « Tous les invertis sont honteux, c'est dans leur nature. » Ils ne peuvent pas plus s'accepter que les « salauds » ou les « lâches » ne le peuvent. Comme Garcin (l'héroïsme), comme Estelle (l'imaginaire), Inès a besoin d'une compensation : la méchanceté. La honte d'Inès vaut la lâcheté de Garcin : elle ne s'y trompe d'ailleurs pas, sachant très bien qu'en outre elle ne peut dissimuler sa honte, car l'homosexuel a besoin de s'éprouver honteux dans le regard de l'autre, même si cela blesse profondément son orgueil : mais ce sentiment de la honte fait aussi partie de son plaisir... Exister devient pour Inès éprouver le mépris de soi et celui de l'autre simultanément, et se venger d'elle-même par la lucidité, de l'autre par la méchanceté.

Ceci explique, à côté de son apparente maîtrise de soi, ses chutes lamentables dans le ridicule :
INÈS : « Estelle ! Mon eau vive, mon cristal. »
ESTELLE : « *Votre* cristal ? C'est bouffon » (p. 71),
ses passages spontanés de la déclaration d'amour au sadisme (p. 47-48), ses accès de colère devant un couple amoureux (p. 63 et 91). Elle sait qu'elle ne pourra jamais posséder que l'ombre d'Estelle, mais cette ombre la hante [1].

LE SYMBOLE DU POUR-AUTRUI : LE REGARD, MIROIR DÉFORMANT

En un symbole plusieurs fois repris se concentre l'idée de base, le problème du rapport à autrui : le jeu du miroir et du regard (Garcin et Estelle ne peuvent supporter l'absence de glace dans leur cellule, cf. p. 24, 43-45). Le regard que nous jetons dans notre miroir nous permet de nous considérer comme objet, commes les autres nous voient, de réin-

1. Si on définit l'homosexualité comme une tendance vers le semblable, et l'hétéro-sexualité comme une tendance vers l'autre, on remarquera que l'introversion d'Inès correspond parfaitement à ses mœurs. Même dans l'amour pour son amante, elle ne témoigne que de son incapacité d'atteindre l'autre. C'est un pour-soi ramené constamment à soi, ne cherchant dans autrui que son semblable, son reflet. Drame de Narcisse.

tégrer notre unité, en transcendant notre dualité sujet-objet. Le miroir, nous permettant d'être à la fois sujet-regardant et objet-regardé, nous apporte le réconfort dont nous avons tant besoin quand en particulier nous ne savons, comme les personnages de *Huis clos*, plus très bien où nous en sommes avec nous-mêmes. Estelle tentait de surmonter son existence artificielle en multipliant, dit-elle, les glaces dans sa chambre à coucher : « Quand je parlais, je m'arrangeais pour qu'il y en ait une où je puisse me regarder. Je parlais, je me voyais parler. Je me voyais comme les gens me voyaient » (p. 44).

Sans miroir, nous devenons l'objet du regard d'autrui, miroir qui peut nous déformer à volonté. « On me voit, donc je suis (...) Celui qui me voit... me fait être ; je suis comme il me voit [1]. » Miroir déformant aussi que le regard d'Inès sur Estelle lorsque celle-ci se penche sur ses yeux pour se maquiller.

INÈS : « Je te vois, moi. Tout entière. Pose-moi des questions. Aucun miroir ne sera plus fidèle » (...)

ESTELLE : « Mais avez-vous du goût ? Avez-vous *mon* goût ? (...) Mon image dans les glaces était apprivoisée. Je la connaissais si bien... Je vais sourire : mon sourire ira au fond de vos prunelles et Dieu sait ce qu'il va devenir. » (...)

INÈS : « La ! là ! Je suis le miroir aux alouettes ; ma petite alouette, je te tiens ! (...) Hein ? Si le miroir se mettait à mentir ? Ou si je fermais les yeux, si je refusais de te regarder, que ferais-tu de toute cette beauté ? » (p. 45 à 48).

Le regard de l'autre, c'est sa liberté, une liberté qui m'est étrangère et me possède, c'est la facticité du miroir disparue : je ne puis être objet et sujet pour moi à la fois, comme mon miroir m'en donne l'illusion. Si je fais de l'autre mon objet en le regardant, il en fait autant de moi : je n'existe pas seul, *je suis pour-autrui*.

1. Sartre, *Le sursis*, p. 469.

La dramaturgie
et l'idéologie sartriennes
à travers « Huis clos »

3

LA DRAMATURGIE

La construction dramatique de *Huis clos :* un seul acte, absence d'intrigue, attente inutile d'une fin inexistante... et son « atmosphère » : illusion fantastique due à la fois au « surnaturel » et au détournement des significations des objets présents (le bronze, le coupe-papier...), situent la pièce hors d'un cadre *réaliste* et de toute forme dramatique classique.

Pour Sartre les problèmes de la forme s'imbriquent étroitement dans ceux du contenu, toute idée nouvelle impliquant une forme nouvelle : « Les exigences toujours neuves du social ou de la métaphysique engagent l'artiste à trouver une langue neuve et des techniques nouvelles [1]. » En effet ni l'explication ni la description ne poussent le lecteur à *l'action :* « La description, fût-elle psychologique, est pure jouissance contemplative ; l'explication est acceptation, elle excuse tout ; l'une et l'autre supposent que les jeux sont faits [2]. » Autrement dit, l'étude de la dramaturgie sartrienne est déjà une incursion dans sa philosophie... « A chaque époque... c'est la littérature tout entière qui *est* l'idéologie [2]. »

Tragédie ou anti-tragédie?

Il faut d'abord remarquer qu'en elle-même la pensée de Sartre est tragique, au sens large du terme : à notre nais-

1. Sartre, *Situations II, Qu'est-ce que la littérature?*, p. 76.
2. *Ibid.*, p. 311.

sance *les jeux sont faits*, nous sommes condamnés à mort (pour rien). Notre liberté également est tragique, ne tendant à rien d'autre qu'à son affirmation gratuite. *Huis clos*, dans sa structure dramatique, met en scène cette tragédie : c'est la tragédie du destin de l'homme. La tragédie ici n'est pas l'attente d'événements extérieurs, mais se trouve constituée par la situation même dans laquelle sont placés les personnages. Ce qui a pour conséquence sur le spectateur qu'il n'attend rien, mais que ce sont les personnages qui attendent (en vain d'ailleurs), et que le sentiment du suspens tragique se transfère également du spectateur sur le personnage [1].

• Dans la tragédie classique, la liberté de l'individu n'arrive pas à infléchir le sens des événements dans la direction souhaitée, n'arrive pas à ordonner l'avenir vers une fin heureuse.
Mais dans *Huis clos*, il n'y a plus d'avenir ; l'avenir, c'est un présent constamment recommencé. En revanche les individus sont parfaitement libres, mais cette liberté devient inutile. Le tragique classique provenait de l'impuissance d'une liberté dans une situation à faire. Le tragique sartrien provient de l'inutilité d'une liberté totale dans une situation déjà faite.

• Dans la tragédie classique, l'angoisse des personnages (largement partagée par les spectateurs) tient généralement à leur impuissance à changer le cours de l'avenir. Dans *Huis clos* leur angoisse est déterminée par leur incapacité à modifier le passé. (En un certain sens ils ne peuvent plus modifier non plus l'avenir devenu inexistant : immobilisés dans le présent, ils ne peuvent ainsi se replier dans le monde des projets et des excuses, « coincés » dans leur mauvaise foi révélée.)

• Dans la tragédie classique, la mort est le *but* du destin tragique. Ici c'est l'absence de toute mort qui rend intolérable l'attente des personnages : et d'autant plus intolérable qu'ils assistent à leur mort *morale* dans l'esprit des vivants (cf. p. 69-70, 79-80). Autrement dit, réduits à leur en-soi (vus comme des objets par les vivants et par leurs co-prisonniers), ils éprouvent leur pour-soi comme liberté vide de sens.

1. Le personnage qui attend vit le suspens (comme dans *En attendant Godot* de Beckett, dont c'est la structure essentielle).

On voit comment ce triple *retournement* de la tragédie classique vise toujours l'affirmation idéologique de base : la prise de conscience de notre liberté provoque l'angoisse et pourtant il n'est d'autre issue que d'assumer cette absurdité, s'il est encore temps...

Rien ne rend mieux sensible cette convergence du dramaturgique et de l'idéologique que le transfert de l'attente, du spectateur au personnage. En nous faisant *attendre*, le théâtre classique laissait supposer idéologiquement que certaines fins pouvaient être heureuses, d'autres, non. Or il ne peut y avoir de fin heureuse, puisqu'il n'y a pas de fin, pas de but, rien... Or que font les personnages de *Huis clos* sinon d'attendre ?

INÈS : « Alors ? Qu'est-ce qui va venir ? »
GARCIN : « Je ne sais pas. J'attends » (p. 26).

« Huis clos » et la temporalité

• *Un résumé de l'éternité*

Sur le plan technique, c'est une réussite paradoxale que d'avoir *rendu* l'impression d'éternité dans une pièce aussi brève, et d'avoir donné le sentiment de l'ennui le plus désespéré sans, par la longueur du texte, solliciter un ennui égal chez le spectateur dont on « tend » au contraire les nerfs au maximum. Le temps absolu réduit à un moment.

Mais le choix de ce moment n'est pas indifférent. Il ne s'agit pas d'un *jour* quelconque de la vie infernale des personnages, mais de leur entrée en enfer, de son début qui, tendu entre son origine (la porte qui vient de se refermer) et l'infini, donne cette impression d'arrachement au fini, de projection dans l'insondable. Comparons cela au démarrage d'un coureur : on aura une plus grande impression de vitesse à le voir s'élancer, qu'à le voir courir sur la piste. De même c'est la fixation du moment où s'élancent les suppliciés de *Huis clos*, dans l'infini de l'enfer, qui permet à Sartre de « résumer » ainsi l'éternité.

Cette initiation à l'enfer se double de la progressive prise de conscience que le temps chronologique est mort. Pas de sommeil (p. 16), pas de nuit, mais des lampes qui ne s'éteignent jamais (p. 18)... Par ces détails qui suppriment tout critère de comptabilisation du temps, l'idée de l'éternité comme présent permanent s'impose à nous sur le mode tragique, car nous comprenons le sens de cette projection dans l'infini : l'homme soustrait à la temporalité chronologique devra constamment vivre la souffrance du temps arrêté, et sera impuissant à changer quoi que ce soit à ce supplice, puisque ni l'espoir, ni l'action, qui sont des modes d'exister par projection de l'imagination dans le futur, ne lui sont permis [1].

Dans *La nausée* Sartre a défini l'impression d'écoulement du temps [2], de son irréversibilité à la fois angoissante et agréable : « A chaque instant je tiens de tout mon cœur : je sais qu'il est unique; irremplaçable - et pourtant je ne ferais pas un geste pour l'empêcher de s'anéantir (...) Je me penche sur chaque seconde, j'essaie de l'épuiser (...) Cependant la minute s'écoule et je ne la retiens pas, j'aime qu'elle passe [3]. » Or dans *Huis clos* le temps ne s'écoule plus. Il stagne. Alors que la vie est attente permanente de l'avenir [4], la mort, dans cette pièce, est attente figée dans le présent.

Il faut voir que ceci rend d'autant plus insupportable l'obsession du passé. Car, de même que toute fuite (projets) dans l'avenir est impossible, tout repli apaisant dans le passé est interdit, puisque, pour reprendre la formule de Hegel, les hommes sont ce qu'ils ont été et que, le voile de la mauvaise foi levé, ils ne peuvent supporter ce qu'ils furent, donc qu'ils ne pourront supporter ce qu'ils sont. Dans ce présent éternisé ils se trouvent face à leur personne réelle, finie, figée, fixée, à leur en-soi définitif, leur pour-soi actuel n'ayant plus aucune influence, puisque se mouvant hors du temps : une liberté qui n'a pas d'avenir pour s'accomplir ne peut qu'être fascinée par sa propre inutilité. (Penser à la « liberté » du prisonnier condamné à la réclusion à perpétuité.)

---

1. Sartre suggère en outre qu'un espace également infini « double » cette infinité du temps. GARCIN : (Qu'y a-t-il) de l'autre côté de ces murs? LE GARÇON : Il y a un couloir. GARCIN : Et au bout de ce couloir? LE GARÇON : Il y a d'autres chambres et d'autres couloirs et des escaliers. GARCIN : Et puis? LE GARÇON : C'est tout (p. 18-19).
2. Sartre, *La nausée*, p. 59, 84.
3. *Ibid.*, p. 59.
4. Cf. Sartre, *L'âge de raison*, Le livre de poche, p. 304.

- *Une réflexion sur le traitement du temps*
  dans la littérature contemporaine

En juillet 1939 Sartre a écrit un essai sur la temporalité chez Faulkner [1]. Toutes les considérations techniques et philosophiques soulevées à propos de *Huis clos* s'y trouvent déjà. Relevons les principaux rapports :

a) *La signification du présent :*

- « Le malheur de l'homme est d'être temporel (...) (Mais) nous confondons la temporalité avec la chronologie. C'est l'homme qui a inventé les dates et les horloges (...) Pour parvenir au temps réel, il faut abandonner cette mesure inventée qui n'est mesure de rien (...) Ce qui se découvre alors, c'est le présent (...) Chez Faulkner, il n'y a jamais de progression, rien qui vienne de l'avenir. Le présent n'a pas été d'abord une possibilité future (...) Non : être présent, c'est paraître sans raison et s'enfoncer [2]. »

b) *L'obsession du passé :*

- « Il semble qu'on puisse comparer la vision du monde de Faulkner à celle d'un homme assis dans une auto découverte et qui regarde en arrière. A chaque instant des ombres informes surgissent à sa droite, à sa gauche (...) Le passé y gagne une sorte de surréalité : ses contours sont durs et nets, immuables ; le présent, innommable et fugitif, se défend mal contre lui ; il est plein de trous, et, par ces trous, les choses passées l'envahissent, fixes, immobiles, silencieuses comme des juges ou comme des regards [3]. » (...) « Pour Faulkner (contrairement à Proust), le passé n'est jamais perdu - malheureusement -, il est toujours là, c'est une obsession [4]. »

c) *La mutilation du temps :*

- « Proust, Joyce, Dos Passos, Faulkner, Gide, V. Woolf, chacun à sa manière, ont tenté de mutiler le temps. Les uns l'ont privé de passé et d'avenir pour le réduire à l'intuition pure de l'instant ; d'autres, comme Dos Passos, en font une mémoire close et morte. Proust et Faulkner l'ont simplement

1. Sartre, *Situations I*, p. 71-81.
2. *Ibid.*, p. 71-72.
3. *Ibid.*, p. 73-74.
4. *Ibid.*, p. 75.

décapité, ils lui ont ôté son avenir, c'est-à-dire la dimension des actes et de la liberté. Les héros de Proust n'entreprennent jamais rien : ils prévoient, certes, mais leurs prévisions restent collées à eux et ne peuvent se jeter comme un pont au-delà du présent (...) Quant aux héros de Faulkner, ils ne prévoient jamais ; l'auto les emporte, tournés vers l'arrière [1]. »

d) *La suppression de l'avenir :*

– « On comprend aussi que la durée fasse « le malheur propre de l'homme » : si l'avenir a une réalité, le temps éloigne du passé et *rapproche* du futur ; mais si vous supprimez l'avenir, le temps n'est plus que ce qui sépare, ce qui coupe le présent de lui-même [2]. »

L'art d'impressionner

• *Les objets insolites et le fantastique*

Huis clos échappe au réalisme non seulement par cette « mutilation » du temps, mais aussi par son prétexte même : l'enfer réduit à un salon Second Empire surchauffé et meublé de façon inexplicable, avec ces objets dont la fin nous échappe (le bronze de Barbedienne, le coupe-papier...) ; les *morts* parfaitement vivants jetant un regard de temps en temps sur la planète. Sartre établit entre nous et l'idée de la mort une distance nouvelle par la création d'un univers fantastique.

De même que l'article sur la temporalité chez Faulkner fournit d'indispensables références, de même le fantastique de *Huis clos* se trouve largement défini à travers les réflexions de Sartre sur *Aminadab* de Blanchot, dans un article tout à fait contemporain (1943) de la pièce : « Comment faire voir (à l'homme) *du dehors* cette obligation d'être dedans [3] ? »

1. *Ibid.*, p. 77.
2. *Ibid.*, p. 78. Cet essai se termine cependant sur une critique de la « métaphysique » de Faulkner, qui, pour Sartre, est fausse, du simple fait que l'homme vit pour l'avenir. Étrangement *Huis clos* adopte le schéma de Faulkner. Pourquoi ? Il semble légitime de penser que *techniquement* Sartre choisit cette mutilation de la temporalité, pour *idéologiquement* fournir une leçon morale qui s'appuyant sur un raisonnement par l'absurde (soit un monde sans avenir) vise à solliciter chez nous, spectateurs qui avons un avenir, une prise de conscience des responsabilités que cette présence dans-le-temps nous impose.
3. Sartre, *Situations I*, p. 136.

En introduisant le personnage (et avec lui le lecteur) dans l'univers réel, mais en le lui révélant sous un jour inhabituel, méconnu. Chaque objet, au lieu d'être conçu avec sa fin déterminée (le coupe-papier pour couper du papier...), sera détourné de cette fin (un coupe-papier, dans un salon où il n'y a pas un seul livre, sera vu *différemment :* comme un objet fantastique dont la fin, l'utilité nous échappe). Sartre écrit à propos de Blanchot ce que l'on peut répéter à propos de *Huis clos :* « Les ustensiles, les actes, les fins, tout nous est familier, et nous sommes avec eux dans un tel rapport d'intimité que nous les percevons à peine; mais dans le moment même où nous nous sentons enfermés avec eux dans une chaude atmosphère de sympathie organique, on nous les présente sous un jour froid et étranger. » *Une distance a été introduite entre l'objet et sa fin.* Le coupe-papier est là, mais ne sert (apparemment) à rien, le bronze de Barbedienne ne manifeste que sa massive inutilité, l'ameublement « Second Empire » n'a aucun sens. Revenons à l'article de Sartre : « Ces outils... n'ont pas mission de servir (les personnages) mais de manifester sans relâche une finalité fuyante et saugrenue : de là ce labyrinthe de couloirs, de portes, d'escaliers qui ne mènent à rien (...) Dans le monde « à l'endroit », un message suppose un expéditeur, un messager et un destinataire (...). Dans le monde à l'envers... nous sommes harcelés de messages sans contenu, sans messager ou sans expéditeur. [1] »

Le « fantastique » de *Huis clos* naît donc de cette « distanciation » : les objets ont perdu leurs sens (Roquentin dans *La nausée* connaît déjà cette expérience) : la sonnette dont la fonction est de ne pas fonctionner symbolise cette situation (p. 20-21). Mais les mots comme les actes ont perdu également leur signification. Les paroles d'amour qu'échangent Garcin et Estelle sonnent si vide qu'elles en deviennent inconvenantes, obscènes; l'acte que commet Estelle en « tuant » Inès démontre l'inefficacité de toute tentative pour remettre ce monde à l'endroit. La consistance s'est éloignée des choses, le sens, des mots, l'efficace, des actes.

1. *Ibid.*, p. 128-130.

• Un avertissement au lecteur

A cette forme de distanciation s'ajoute naturellement l'hypo-
thèse fantastique de base, celle d'une survie incarnée. Ceci
permet à Sartre d'opérer simultanément une double rupture :
- entre les personnages morts et leur propre existence
(ils voient sur terre ce qui continue de se passer sans eux);
- entre les personnages et nous, spectateurs (que Sartre
met - apparemment - dans la position de Micromégas) :
nous regardons de l'extérieur l'univers des morts [1].

La première oblige les personnages à voir leur vie comme
un *objet* fini duquel ils sont séparés par la mort. (Vivants,
ils étaient des sujets au milieu de phénomènes auxquels ils
pouvaient donner sens. Morts, ils ne sont plus que des consciences regardantes d'objets détachés d'eux, sur lesquels
ils ne peuvent plus agir.) Sartre en eux présente, grâce à
cet écart, sa séparation fondamentale de l'en-soi et du pour-
soi : ils sont en-soi comme morts, finis, ensevelis dans un
passé achevé; ils sont pour-soi comme libertés pensantes.
Mais on voit en même temps à quoi tend cette démonstration : la souffrance de ces pour-soi en détresse est un avertis-
sement à notre liberté tant qu'elle peut s'exercer dans le réel.
(Ce thème est repris très clairement dans le film tiré du scénario de Sartre *Les jeux sont faits* où la clairvoyance des morts
qui regardent vivre, impuissants, les vivants, est une conti-
nuelle dénonciation de la vaine comédie de ces derniers.)

Quant au spectateur dont le regard de vivant est sollicité
en retour (en effet si les morts voient les vivants, nous, les
vivants, voyons, *en retour*, les morts), il acquiert d'une part
le jugement de Dieu sur ces trois existences finies et ballottées
dans l'éternité (en ce sens Sartre fait partager au spectateur
le suprême pouvoir du juge dernier); d'autre part il est placé,
par le biais du fantastique, devant un mythe qui ne parle
que de lui, qui le ramène violemment à sa conscience. Un
mythe qui sous l'aspect fantastique dissimule, pour mieux
le révéler, le drame de notre liberté dans le monde. *Huis clos*,
c'est la réponse de Sartre à sa propre question : Comment
faire voir au spectateur son obligation d'être dans l'univers ?

---

1. Comparaison qui ne doit pas être menée trop loin. 1) Nous ne sommes pas comme
Micromégas désintéressés de cet univers : nous y sommes voués dans l'avenir, 2)
L'univers de *Huis clos* n'est pas la réalité, mais un mythe.

L'IDÉOLOGIE

Théâtre et phénoménologie

● *Le dépassement de la psychologie traditionnelle*

L'*approche philosophique* a indiqué en quel sens la philosophie sartrienne sous-tendait constamment l'œuvre littéraire. Or, plus précisément, le *théâtre* répond à la conception phénoménologique (cf. note p. 7) que Sartre a empruntée largement à Husserl et qu'il a « esquissée » en deux domaines que la psychologie classique jusque-là se réservait : l'émotion (*Esquisse d'une théorie des émotions*, 1938), l'imagination (*L'imaginaire*, 1940). Pour aborder Sartre, il serait en réalité souhaitable d'abandonner les schémas de la psychologie traditionnelle, et d'utiliser la perception phénoménologique de l'univers. (Cf. *La force de l'âge* : « Il avait toujours eu en horreur « la vie intérieure » : elle se trouvait radicalement supprimée du moment que la conscience se faisait exister par un perpétuel dépassement d'elle-même vers un objet ; tout se situait dehors, les choses, les vérités, les sentiments, les significations, et le moi lui-même (...) A partir de là, toute la psychologie était à réviser [1]... »)

Toutes les œuvres de Sartre seront à partir de ce moment des explorations du monde extérieur à partir de la subjectivité des individus. *Et ceci influera fondamentalement sur la technique des romans et des pièces.* Le monde y est vu à travers les limites d'une conscience, ce qui provoque, d'ailleurs, un certain agacement chez le lecteur qui « étouffe » dans la mesquinerie, la viscosité de tous ces regards aveuglés de mauvaise foi. Or toute autre technique serait mensongère, car la pensée est organisatrice du monde extérieur, et contre cette évidence on reste, comme Roquentin, impuissant : « Si je pouvais m'empêcher de penser ! J'essaie (...) Je ne veux pas penser... Je pense que je ne veux pas penser. Il ne faut pas que je pense que je ne veux pas penser. Parce que c'est encore une pensée... On n'en finira donc jamais [2] ? »

Description de l'angoissante liberté du pour-soi, *La nausée* présente une réduction de l'homme à son être même qui est

---

1. S. de Beauvoir, *La force de l'âge*, p. 194.
2. Sartre, *La nausée*, p. 142.

la pensée, non pas une pensée vide, creuse, mais une pensée qui est toujours pensée de quelque chose. Si le roman permettait d'accomplir clairement cette analyse, le théâtre offrait à Sartre le moyen de montrer comment la pensée fonctionne, hors de la solitude, dans les relations *pour-autrui* : c'est le sujet même de *Huis clos*, en ce sens pièce « phénoménologique ». Dans les relations avec autrui, notre subjectivité se manifeste par des « conduites » (affectivité, sentimentalité...) qui sont autant de révélations de notre condition. Le théâtre sera une mise en spectacle de ces subjectivités, qui, mises en contact, « s'éclateront » les unes vers les autres, révéleront ainsi toutes leurs failles. On s'apercevra que l'amour cache un désir de possession inavoué, que la colère est un moyen magique pour convaincre autrui par l'effroi, que le sadisme est une attitude désespérée de persuader sa victime de sa propre innocence, etc.

• Une mise en spectacle de l'émotion

Dans une étude détaillée sur cette question, on pourrait, en s'appuyant sur les analyses de l'*Esquisse d'une théorie des émotions*, analyser l'ensemble des réactions des trois damnés de *Huis clos* : retenons seulement ici cette idée de base selon laquelle, puisque l'homme se manifeste en présence d'autrui par le biais constant de l'émotion, celle-ci est une voie majeure dans la connaissance de l'homme. « Dans chaque attitude humaine - par exemple dans l'émotion (...) - Heidegger pense que nous retrouverons le tout de la réalité-humaine, puisque l'émotion c'est la réalité-humaine qui s'assume elle-même et se dirige - « émue » - vers le monde. Husserl pense, de son côté, qu'une description phénoménologique de l'émotion mettra au jour les structures essentielles de la conscience, puisqu'une émotion est précisément une conscience (...). Le phénoménologue interrogera l'émotion *sur la conscience* ou *sur l'homme*, il lui demandera non seulement ce qu'elle est mais ce qu'elle a à nous apprendre sur un être dont un des caractères est justement qu'il est capable d'être ému [1]. »

Plus loin [2], Sartre définira l'émotion comme un désir de changer le monde quand l'action n'y suffit pas. Pour

1. Sartre, *Esquisse d'une théorie des émotions*, p. 15, Hermann. Paris.
2. *Ibid.*, p. 43.

impressionner mon interlocuteur qui reste impassible, je vais entrer en colère. Pour éviter des aveux qui me sont désagréables à faire, je vais m'évanouir, etc. L'émotion, conduite magique, tend à changer le monde dans le sens que désirerait notre conscience; c'est pourquoi elle est une révélatrice de nos vœux profonds, de notre être réel. C'est pourquoi Garcin se trahit constamment par ses colères, ses attitudes; Estelle par ses rires, sa nervosité; Inès par sa tension, ses éclats. Quand ils ne peuvent plus changer soit le cours du passé, soit supporter le présent (Inès devant le couple Estelle-Garcin), ils tendent à les annuler magiquement par leurs émotions : *ils s'émeuvent dans la vaine illusion de mouvoir le monde.* En outre il est évident que la situation infernale où justement plus rien ne peut être changé servait particulièrement bien la démonstration sartrienne dans la mesure où l'acte y étant devenu totalement inefficace, l'émotion s'y substitue naturellement, et ceci de façon obligatoire, car seule elle peut donner aux personnages l'illusion de pouvoir modifier le déterminisme de leurs rapports.

● *Un théâtre de situation*

Huis clos est donc la mise en spectacle de l'émotion comme attitude magique, comme révélation de l'être, qui, devenu impuissant, y cherche une compensation. Nous avons souligné que la *situation* des personnages favorisait cette analyse : cette dernière notion est inséparable de l'idéologie sartrienne, surtout lorsqu'elle s'incarne dans le théâtre. Sartre s'oppose au théâtre de caractères : « On faisait paraître (autrefois) sur la scène des personnages plus ou moins complexes, mais entiers et la situation n'avait d'autre rôle que de mettre ces caractères aux prises, en montrant comment chacun d'eux était modifié par l'action des autres (...). (Maintenant) plusieurs auteurs reviennent au théâtre de situation. Plus de caractères : les héros sont des libertés prises au piège, comme nous tous. Quelles sont les issues ? Chaque personnage ne sera rien que le choix d'une issue et ne vaudra pas plus que l'issue choisie. Il est à souhaiter que la littérature entière devienne morale et problématique comme ce nouveau théâtre (...). En un sens, chaque situation est une souricière, des murs partout : je m'exprimais mal, il n'y a pas d'issues à *choisir*. Une issue, ça s'invente. Et chacun, en inventant sa propre issue, s'invente soi-même. L'homme est à inventer chaque jour [1]. »

Avant d'examiner cette portée morale que l'auteur choisit pour son théâtre, il convient de rappeler que cette conception de la *situation* comme moment privilégié où se réalise un être saisi dans un piège (les résistants emprisonnés et torturés, la prostituée dont dépend la vie d'un nègre) se rapporte très exactement à l'idée que se fait Sartre de la pensée comme subjectivité jetée dans le monde, comme liberté qui a constamment à se définir par ses actes. Détournant son théâtre de la psychologie classique qui fixe des caractères *a priori*, qui dans les pièces se traduit par des heurts de « personnalités », il l'oriente vers une phénoménologie qui mettra en évidence la totale liberté des êtres à s'accomplir dans une situation donnée.

Fonction du théâtre

Théâtre moral ne veut pas dire moralisateur : son objectif n'est pas de prêcher une vérité, mais de « trouver des situations si générales qu'elles soient communes à tous », et à partir d'elles de proposer au spectateur plusieurs « issues » qu'incarnent les personnages, et parmi lesquelles celui-ci effectuera un choix qui, par réfraction, le révélera à lui-même. L'impact immédiat de la « leçon » théâtrale, son intensité, déterminent Sartre à préférer ce moyen d'expression à ses romans, et ceci hors de tout souci « littéraire » et esthétique. Il est souvent nécessaire d'écrire *gros* pour que le message passe la rampe ; il arrivera à Sartre d'écrire *très gros*, malgré les vitupérations de la critique. (Ceci entre naturellement dans sa contestation de la perception bourgeoise de la littérature, cf. *Qu'est-ce que la littérature ?*)

Aussi pas de héros exemplaires, mais des libertés qui ressemblent parfaitement à la nôtre, dépouillées, nues, vulnérables. Comme toute autre forme littéraire, mais peut-être encore davantage, le théâtre se fonde sur une profonde *sympathie* entre auteur et lecteur qui mettent en commun leurs réflexions, leurs réactions dans les situations où les *engage*

---

1. Sartre, *Situations II, Qu'est-ce que la littérature ?*, p. 313.

leur époque : telle est une des principales thèses de *Qu'est-ce que la littérature?*

● « L'écrivain ne doit pas chercher à *bouleverser*, sinon il est en contradiction avec lui-même; s'il veut *exiger*, il faut qu'il propose seulement la tâche à remplir. De là ce caractère de *pure représentation* qui paraît essentiel à l'œuvre d'art [1]. »

● « Il faut que l'ouvrage, si méchante et si désespérée que soit l'humanité qu'il peint, ait un air de générosité. Non certes que cette générosité se doive exprimer par des discours édifiants ou par des personnages vertueux (...). (Mais) si l'on me donne ce monde avec ses injustices, ce n'est pas pour que je contemple celles-ci avec froideur, mais pour que je les anime de mon indignation et que je les dévoile et les crée avec leur nature d'injustices, c'est-à-dire d'abus-devant-être-supprimés (...). Puisque celui qui écrit reconnaît, par le fait même qu'il se donne la peine d'écrire, la liberté de ses lecteurs, et puisque celui qui lit, du seul fait qu'il ouvre le livre, reconnaît la liberté de l'écrivain, l'œuvre d'art (...) est un acte de confiance dans la liberté des hommes [2]. »

● « Chaque livre propose une libération concrète à partir d'une aliénation particulière [3]. »

D'autre part l'artifice, au théâtre, accroît la prise de conscience; cette affirmation peut sembler paradoxale, puisque plus que tout autre genre le théâtre est mensonge avec sa présentation visuelle d'une part de vie imaginaire, au milieu d'un décor de carton, avec des acteurs qui miment des émotions et des sentiments empruntés. Toutefois il apparaît clairement que ceci n'est jamais qu'une *mise en scène* de nos drames mentaux. Rien n'en donne mieux la preuve que ce désir de participation affective dont nous sommes animés, lorsque l'impuissance des personnages sollicite en nous un besoin de les secourir, de nous transformer en acteurs.

Or le thème même de *Huis clos* sert bien le double projet du théâtre ainsi défini :

- L'aspect factice de la situation (l'enfer) prend une dimension *mythique*, ce qui, en supprimant toute crédibilité en la réalité

1. Sartre, *Situations II, Qu'est-ce que la littérature?*, p. 99.
2. *Ibid.*, p. 111.
3. *Ibid.*, p. 119.

de son déroulement, nous contraint à *interpréter* simultanément le mythe au niveau de la leçon morale.
- L'impuissance des personnages figés dans la mort nous incite par réaction à accomplir notre pleine liberté pendant la vie.

Un nouvel humanisme?

• *L'éthique sartrienne*

R.-M. Albérès a bien montré dans les premières pages de son livre (*Sartre*, Classiques du XXᵉ siècle) la relation de l'interrogation sartrienne avec celle des Bernanos, Malraux, Camus, Greene, etc. « Privé du secours des doctrines toutes faites auxquelles il ne croit plus, l'homme se sent *seul*. Et dans cette solitude pourtant, sa *responsabilité* lui apparaît d'autant plus nette qu'elle n'a plus rien qui la guide et qu'elle devient inquiète. *La tension entre cette solitude et cette responsabilité* (...) a reçu les noms de « tragique », d'« angoisse », de « destin » et même d' « absurde [1] ». Et l'auteur note que c'est improprement qu'on a qualifié de « métaphysique » une littérature en réalité « morale » : il relève en particulier que les événements dans les œuvres de Sartre sont toujours *psychologiques et moraux* et que par là « il ne fait qu'adopter l'attitude et l'angle de vision des moralistes français [2] » avec, il est vrai, une certaine rudesse dans l'examen et peut-être une trop grande complaisance pour les bassesses [3].

L'éthique sartrienne telle qu'elle apparaît dans *Huis clos* et dans les pièces ou romans qui lui sont contemporains se donne trois objectifs :

- *Dévoiler l'authenticité de chaque homme*

Jetée dans un monde où tout est contingent, la liberté injustifiée de l'homme s'accomplit à travers les actes qu'elle commet : notre action choisit notre morale, définit qui nous sommes. Garcin est *celui qui a fui*. Il est compris dans cet acte.

1. R.-M. Albérès, *Sartre*, Éd. Universitaires, 1964, p. 7.
2. *Ibid.*, p. 11.
3. Apparemment ce dernier aspect a empêché de nombreux commentateurs de Sartre de comprendre le sens de son œuvre. Pourtant la notion même de *viscosité* rend nécessaire une élucidation des bas-fonds de la conscience.

Sartre met bien en valeur la distinction entre *le geste* dont la comédie humaine se satisfait pour se donner bonne conscience et *l'acte* qui relève d'un véritable engagement librement consenti. En suppliant l'enfer d'ouvrir ses mâchoires, Garcin joue au héros, fait des gestes de comédien. Que l'enfer desserre sa gueule, et toute la fausseté du geste apparaît. Or combien d'actes véritables accomplit l'homme social pour une multitude de gestes hardis et vains ?

- *Plaider pour une morale individuelle fondée sur la liberté*

A la fin de son article sur *La liberté cartésienne*, Sartre considère que « la base de l'humanisme » est cette idée que « l'homme est l'être dont l'apparition fait qu'un monde existe », c'est-à-dire que la liberté créatrice appartient tout entière à l'homme (et non à un Dieu [1]). C'est la signification même du mythe des *Mouches* où l'on voit Jupiter admettre que toute nécessité (morale, politique, religieuse) s'envolerait si les hommes connaissaient « le secret douloureux des Dieux et des rois : c'est que les hommes sont libres [2] ». L'homme, comme Oreste, retrouverait son innocence s'il renouait avec sa liberté originelle, mais il s'enlise dans une liberté enchaînée, et il s'en éprouve, malgré ses bonnes raisons, coupable. Estelle et Garcin sont deux consciences malades dans la mesure où dans leur vie elles ont accepté l'asservissement (Estelle s'est vendue ; Garcin n'a pas su assumer ses opinions librement choisies), renié ainsi leur liberté.

- *Plaider pour une morale collective définie comme responsabilité envers les autres (comme envers soi)*

Il n'y a pas de salut individuel : toute la leçon de *Huis clos* tend à dénoncer l'illusion de l'isolement et de l'irresponsabilité morale. De même que du seul fait que nous existons, nous sommes contraints à donner un sens par nos actes, nos engagements, nos choix, au monde et donc à notre propre vie, de même nous nous définirons par nos relations avec autrui. « Quand nous disons que l'homme est responsable de lui-même, nous ne voulons pas dire que l'homme est responsable de sa stricte individualité, mais qu'il est respon-

1. Sartre, *Situations I*, p. 334.
2. Sartre, *Les mouches*, Gallimard, p. 84.

sable de tous les hommes [1]. » « Il n'est pas un de nos actes qui, en créant l'homme que nous voulons être, ne crée en même temps une image de l'homme tel que nous estimons qu'il doit être [2]. » (*Morts sans sépulture* montrera en 1946 une fraternité acquise dans la souffrance commune : torturés, les trois martyrs trouvent dans leur estime mutuelle (fin du troisième tableau) une communion (« Nous ne faisons qu'un ») qui tient à la transparence réciproque de leurs consciences : ils peuvent s'estimer eux-mêmes à travers l'estime des deux autres. Ce trio réconcilié sur le chemin du calvaire fait violemment contraste avec celui de *Huis clos* et en ce sens l'explicite. A noter également que Lucie, au-delà de l'amour de Jean, trouve dans cette fraternité un contact vraiment épuré entre consciences).

• *Un humanisme exigeant*

Toute cette éthique se résume à : il faut *mériter* sa vie. Cette notion de mérite rappelle par plus d'un point celle du XVIIe ou du XVIIIe siècle. En conséquence, peut-on parler d'humanisme ?

Sartre s'en est violemment pris à l'humanisme traditionnel [3], ce qui ne l'empêche pas d'écrire : « L'homme absurde est un humaniste, il ne connaît que les biens de ce monde [4]. »

En effet, s'il refuse l'attitude humaniste qui consiste à rendre un culte aux grands hommes, aux grandes pensées, aux grandes œuvres du passé, c'est-à-dire au Passé lui-même, Sartre propose « un autre sens de l'humanisme, qui signifie au fond ceci : l'homme est constamment hors de lui-même, c'est en se projetant et en se perdant hors de lui qu'il fait exister l'homme et, d'autre part, c'est en poursuivant des buts transcendants qu'il peut exister [5] ».

Autrement dit, refusant d'immobiliser l'homme dans des schémas culturels et moraux hérités du passé, Sartre l'incite à toujours *inventer*, à toujours *s'inventer*, ce qui est sa seule façon d'assumer pratiquement sa liberté : c'est pour-

1. Sartre, *L'existentialisme est un humanisme*, p. 24.
2. *Ibid.*, p. 25.
3. Sartre, *La nausée*, p. 162-166.
4. Explication de « L'étranger », *Situations I*, p. 113.
5. Sartre, *L'existentialisme est un humanisme*, p. 92-93.

quoi l'existentialisme est une doctrine optimiste « puisque le destin de l'homme est en lui-même », « puisque (cette doctrine) dit (à l'homme) qu'il n'y a d'espoir que dans son action [1] ».

Vue sous cet angle toute pièce de Sartre est une sommation, adressée au spectateur, d'accomplir en lui l'homme de demain, *Huis clos* étant, comme nous l'avons montré, la démonstration par l'absurde de cette proposition. Ces personnages « négatifs » qui se sont trahis dans leur liberté nous incitent à un sursaut salutaire, à une réaction de santé morale.

Des « Mouches » à « La p... respectueuse »

Les quatre premières pièces de Sartre (*Les mouches*, 1943; *Huis clos*, 1944; *Morts sans sépulture*, 1946; *La p... respectueuse*, 1946) forment un ensemble qui permet de suivre pratiquement la formation de l'idéologie sartrienne. Se donnant pour tâche de « repérer (...) la trajectoire thématique » du théâtre de Sartre, Francis Jeanson écrit : « Tout se passe comme si, ayant posé dans *Les mouches* l'affirmation première d'une liberté radicale, qui à la fois s'incarnerait dans un acte et resterait inconditionnée, Sartre se préoccupait, dans les trois pièces suivantes (...), d'en contester les possibilités de réalisation dans le monde par la mise en scène des divers types d'échecs que cette liberté, en chaque homme retournée contre soi, ne cesse de s'infliger à elle-même et de provoquer chez autrui [2]. »

La mise en spectacle de ses théories n'impliquait-elle d'ailleurs pas une telle évolution ? La réalité de la présence d'autrui s'impose dans toute sa densité au théâtre, alors que l'ouvrage philosophique (et même le roman) peuvent, volontairement ou non, l'estomper. La liberté dans la pratique se heurte à celle des autres, ceux-ci étant des individus ou des collectivités.

La difficulté d'assumer sa liberté, avec le farouche orgueil d'Oreste, se révèle aux résistants qui non seulement doivent physiquement supporter la torture, mais en outre assumer

1. *Ibid.*, p. 63.
2. Fr. Jeanson, *Sartre par lui-même*, p. 24.

les dégâts que leur action suppose : Lucie accepte que dans l'intérêt de la cause un camarade étrangle sous ses yeux son jeune frère (*Morts sans sépulture*). L'exécution des otages est également une nécessité... La liberté suppose qu'on ait aussi *les mains sales*, et que l'on s'interdise cependant le remords (ce thème court des *Mouches* (Oreste tue sa mère et revendique hautement son geste) aux *Mains sales*, s'affirmant comme une obsession sartrienne). Ce qui ne signifie pas que l'*angoisse* disparaisse :

ORESTE : « Et l'angoisse..., crois-tu qu'elle cessera jamais de me ronger ? Mais que m'importe : je suis libre. Par-delà l'angoisse et les souvenirs. Libre. Et d'accord avec moi. »

La marge de liberté d'un homme dans une situation donnée est limitée par sa responsabilité à l'intérieur de la collectivité. Garcin n'était pas libre de fuir, non seulement parce qu'il se fuyait (en trahissant ses engagements), mais aussi parce qu'il fuyait la cause qu'il incarnait. Sous la torture, les résistants ne sont pas *libres* de parler. En effet à partir de mon engagement politique je donne un sens à ma vie, fondé sur mon inscription dans la collectivité : trahir revient à trahir le choix que j'ai accompli et par lequel je m'accomplis, c'est-à-dire à m'exclure des valeurs que mon libre choix avait prétendu faire siennes. La subjectivité suppose l'intersubjectivité, la responsabilité individuelle suppose la responsabilité collective.

La société peut aliéner totalement la liberté d'un être. Estelle en pourrait être déjà l'exemple. Lizzie et le nègre de *La p...* *respectueuse* en sont les victimes : la première, malgré sa bonne volonté, dénoncera un innocent, persuadée, par le bon ordre moral, d'accomplir son « devoir » (et même sa liberté !). Quant au nègre (l'innocent) qui pourrait tenter de fuir, en tirant sur son accusateur, il reste paralysé : son « infériorité » raciale lui interdit de tuer un blanc. Lizzie, totalement aliénée par les conventions sociales, le nègre, par ses complexes ethniques, rejetés et victimes, se plient à ce jugement de Fred (à Lizzie) : « Tu es le Diable. Le nègre aussi est le Diable. » Leur liberté même de penser est aliénée, incapables qu'ils sont de remettre en question « l'ordre » dont ils sont évidemment victimes.

En fait Sartre écarte l'obstacle impur de l'amour. Il ne croit pas à la passion, cette excuse pour fuir sa liberté individuelle et sa responsabilité collective [1] (cf. l'échec du couple d'Ève et Pierre dans *Les jeux sont faits ;* le dépassement de l'amour de Lucie et Jean dans *Morts...,* par la fraternité); Sartre est ainsi amené à accorder au thème social la place prééminente. Cette évolution était déjà inscrite dans celle des thèmes relevés dans les quatre premières pièces. Si dans *Huis clos* les *autres* sont à la fois les autres comme consciences jugeantes et (pour Garcin) comme collectivité d'idées, ils s'affirment dans *Morts sans sépulture* en une situation morale et historique bien précise, et dans *La p... respectueuse* en individus bien concrets, ce qui permet au social de se transformer en politique. Débarrassé de son idéalisme, de ses dernières préventions, Sartre, à travers ses quatre pièces, tend vers son dépassement.

STYLE ET LANGAGE THÉATRAL
DANS « HUIS CLOS »

Un langage adapté à son sujet

Le texte de *Huis clos* ne constitue pas un modèle de perfection « littéraire ». Le langage, toujours « quotidien », abonde en traits familiers, voire même vulgaires. On y retrouve le ton du roman policier, du roman américain des années 30.

INÈS : « Tu te frottais contre lui et tu faisais des mines pour qu'il te regarde » (p. 5o).

« Mon trésor, il faut lui dire qu'il s'est enfui comme un lion. Car il s'est enfui, ton gros chéri. C'est ce qui le taquine » (p. 77).

Dans le détail, on relève des tics de langage populaire (les « Ça va », les « quoi ? » » ...); des interrogations redondantes : soit par les formes redoublées d'interrogation, soit par l'utilisation du « qu'est-ce-que... » ou par la reprise du sujet; des exclamations multiples. Tout cela donne au texte un rythme saccadé, heurté. On a constamment l'impression que les personnages, inaptes (ou inintéressés) à utiliser le langage dans sa faculté d'adresser à autrui un message, en font usage physiquement, charnellement; c'est un trait du

1. Cf. Sartre, *L'existentialisme est un humanisme*, p. 37-38.

discours populaire qui *se joue* autant qu'il *se dit*, c'est-à-dire que les gestes, les fortes accentuations par le jeu exclamatif-interrogatif, se substituent aux subtilités syntaxiques. En ce sens le langage de *Huis clos* est très proche du langage réel. On étudiera par exemple cette réplique de Garcin : la brièveté, la technique des coordinations, le jeu que suppose la diction :

GARCIN : « Tu sais *ce que c'est que* le mal, la honte, la peur. *Il y a eu* des jours où tu t'es vue jusqu'au cœur - *et ça* te cassait bras et jambes. *Et* le lendemain, tu ne savais plus que penser, tu n'arrivais plus à déchiffrer la révélation de la veille. *Oui*, tu connais le prix du mal. *Et* si tu dis que je suis un lâche, c'est en connaissance de cause, *hein* ? » (p. 87).

(A noter cependant que cela ne signifie pas une vulgarité dans les termes employés. Les trois personnages s'expriment selon leur culture, et on voit très bien dans cette réplique de Garcin des expressions - « déchiffrer la révélation » - qui trahissent en lui une habitude du langage écrit.)

Dans la mesure où le théâtre est le lieu où s'effectue une communication directe entre les différents protagonistes, où le langage accomplit les mêmes fonctions d'échange que dans la vie, il est concevable que la parole théâtrale épouse exactement le dialogue réel. Mais on pourrait opposer à cette définition que le caractère magique de la représentation théâtrale y perd son mystère et sa poésie... Aussi est-ce plutôt dans les caractères spécifiques de cette pièce qu'il conviendra de chercher ce qui légitime le choix de cette langue brutale et sèche :

- Par la soumission de l'aspect « surnaturel » du propos avec son « abstraction » philosophique, à l'introduction du discours familier, Sartre accentue la vraisemblance de ce qui aurait eu tendance à glisser dans le merveilleux et à échapper ainsi à notre adhésion intellectuelle. En une langue également abstraite ou poétique, ce texte fût devenu une pure allégorie, eût rompu avec le projet du dramaturge Sartre, qui est, comme on l'a vu, de placer notre conscience en situation : cf. in *Idéologie, Fonction du théâtre*, p. 58-60.

- Le but de cette pièce est de dénoncer la mauvaise foi sous tous ses aspects : cf. *Comment aborder Huis clos?*, p. 14-21. En particulier sous les masques des conventions sociales, des bienséances. Le langage se libérera donc en même temps que tombent les barrières de mensonges. Non seulement s'accomplira le passage du « vous » au « tu », mais la phrase se débarrassera aussi de ses restrictions, de ses politesses. La langue de Garcin évolue sous le regard d'Inès : *l'intellectuel* laisse la place à *l'aventurier raté*.

P. 25 : « Je comprends très bien que ma présence vous importune. Et personnellement, je préférerais rester seul : il faut que je mette ma vie en ordre et j'ai besoin de me recueillir. Mais je suis sûr que nous pourrons nous accommoder l'un de l'autre », etc.

P. 88 : « Écoute, chacun a son but, n'est-ce pas ? Moi, je me foutais de l'argent, de l'amour. Je voulais être un homme. Un dur. J'ai tout misé sur le même cheval », etc.

Avec sa véritable nature, Garcin a retrouvé son véritable langage. Il ne peut plus s'illusionner sur lui-même : comment pourrait-il user encore d'un langage d'apparat ? La langue choisie par Sartre colle au sujet même de la pièce dont l'unité d'effet supposait cette fusion.

- En dénonçant Garcin et Estelle, Sartre dénonce en nous, lecteurs et spectateurs, la même mauvaise foi. La virulence de la langue nous atteint concrètement. La mise à nu des personnages par le dépouillement du langage entraîne la nôtre. Ce dialogue ne s'adresse-t-il pas autant à nous qu'aux protagonistes en scène ? (p. 89).

GARCIN : « Je n'ai pas rêvé cet héroïsme. Je l'ai choisi. On est ce qu'on veut. »

INÈS : « Prouve-le. Prouve que ce n'était pas un rêve. Seuls les actes décident de ce qu'on a voulu. »

GARCIN : « Je suis mort trop tôt. On ne m'a pas laissé le temps de faire *mes* actes. »

INÈS : « On meurt toujours trop tôt - ou trop tard. Et cependant la vie est là, terminée : le trait est tiré, il faut faire la somme. Tu n'es rien d'autre que ta vie [1]. »

Le choc théâtral

En dehors du langage, certaines réflexions, certaines scènes peuvent, dans leur crudité, choquer le spectateur. On relèvera la scène de séduction d'Estelle par Inès :

1. Il n'est pas indifférent de penser que ces répliques datent de 1944. A la veille de la Libération, que de gens comme Garcin désiraient, derrière les bonnes intentions et les précautions verbales, sauvegarder leur confort moral ! Ils auraient bien participé à la Résistance, si..., si... Mais ils ne l'ont pas *fait*. On mesurera mieux ainsi la portée du *Tu* d'Inès.

ESTELLE : « Je te plais ? »

INÈS : « Beaucoup ! » (p. 48),

la scène de torture morale lorsque Garcin et Inès s'unissent pour arracher les aveux d'Estelle, la scène « d'amour » entre Estelle et Garcin :

GARCIN : « Alors ? Tu veux un homme ? » (p. 72).

ESTELLE : « Touche-moi, touche-moi... Mets ta main sur ma gorge » (p. 81).

Notre habitude des bienséances se trouve singulièrement heurtée par « l'indécence » de telles répliques, de telles scènes. Sartre nous met malgré nous en situation de « voyeurs ». De voyeurs à la fois attentifs et craintifs... La gêne que nous éprouvons manifeste que l'écran entre nous et le plateau a disparu, que nous avons été placés à l'intérieur du spectacle alors que toute notre résistance signifie que nous aurions préféré rester à l'extérieur. Nous crierions bien avec Inès : « Devant moi ? Vous ne... vous ne pouvez pas ! » (p. 74).

Or, à partir du moment où nous avons cette réaction, Sartre a gagné sur un point important : nous avons compris par là même un thème clé de la pièce, celui de l'amour impossible sous le regard d'un tiers. Nous sommes sur la voie de comprendre l'ensemble de la problématique du pour-autrui.

Sur le plan *dramatique*, ces moments sont également très forts, non seulement parce que l'on sait que si un couple se réalise, une issue psychologique est trouvée hors de l'enfer, mais aussi parce que toute issue psychologique passe nécessairement par les sens. Dans ce théâtre il ne s'agit pas de parler d'amour, il s'agit de faire l'amour. D'où un double contraste frappant :

- entre l'abstraction philosophique de la démonstration et cette odeur de chair qui finit par nous écœurer ;
- entre l'état où sont les personnages *(des morts !)* et leurs obsessions sensuelles qui les rattachent si évidemment à la vie. Une danse macabre menée par un diable de chair.

Parmi les qualités dramaturgiques de la pièce, nous avions relevé sa brièveté (cf. *La dramaturgie*, p. 47) et le phénomène « d'accélération » que celle-ci supposait : le choc théâtral en est d'autant plus violent. De ces éléments déjà analysés, il convient de spécifier trois traits qui expliquent la réussite technique :

- *L'art des symboles :* nous avons analysé plus haut l'un d'entre eux, le symbole du miroir / regard. Nous avons montré la parfaite synthèse entre l'idée exprimée et son image symbolique (p. 45-46). Soit aussi le symbole du bronze de Barbedienne, dont la fonction nous échappe pendant toute la pièce. Soudain Garcin comprend :

« Le bronze... *(Il le caresse.)* Eh bien, voici le moment. Le bronze est là, je le contemple et je comprends que je suis en enfer. Je vous dis que tout était prévu. Ils avaient prévu que je me tiendrais devant cette cheminée, pressant ma main sur ce bronze, avec tous ces regards sur moi. Tous ces regards qui me mangent... *(Il se retourne brusquement.)* Ha! vous n'êtes que deux? Je vous croyais beaucoup plus nombreuses. *(Il rit.)* Alors, c'est ça l'enfer. Je n'aurais jamais cru... Vous vous rappelez : le soufre, le bûcher, le gril... Ah! quelle plaisanterie. Pas besoin de gril : l'enfer, c'est les Autres » (p. 92).

Le bronze est l'objet par excellence, l'En-soi parfait, il est l'objet enfermé dans son apathie. En le touchant, en le caressant, Garcin réalise sa différence, sa différence qui est sa pensée. Pensée qui constitue sa grandeur mais aussi sa misère. Pris au piège de sa propre pensée, de son propre jugement, et ce qui est bien pis, pris au piège de la pensée des autres. Car s'il ne peut sombrer dans la solide indifférence du bronze, Garcin ne peut pas non plus éviter d'être, comme le bronze, un objet sous le regard d'autrui, ainsi que l'a très bien vu P.-H. Simon : « Le bronze, sur la cheminée, immuable, c'est l'objet pur, l'en-soi, ce que l'homme ne peut pas être puisqu'il est conscient, mais ce qu'il risque de devenir dans la conscience des autres qui l'immobilisent comme une chose [1]. »

Sur le plan technique, ces symboles permettent au dramaturge de cristalliser notre attention sur deux objets qui résument la pièce : *Huis clos* = le bronze et le miroir = le drame de la liberté et de la mauvaise foi...

- *La construction rigoureuse des scènes selon la démonstration philosophique.* Nous avons déjà précisé le schéma philosophique qui sert de trame à la composition dramatique. Ajoutons seulement que la pièce se découpe rigoureusement

[1]. Pierre-Henri Simon, *Théâtre et destin*, Librairie Armand Colin, p. 170.

en « scènes » (non indiquées dans le texte) selon les différentes figures du pour-autrui. D'où cette impression de rigueur dans le déroulement [1].

- *La mise en spectacle des émotions.* Cette question a été abordée dans *L'idéologie, une mise en spectacle de l'émotion* (p. 56-57). On se rappellera que chaque émotion (rire, sanglots, évanouissement...), suggérée dans les indications de scène, signifie un décalage entre le personnage et la réalité qui l'entoure. Il tente de compenser son attitude d'échec par une conduite magique :

- entrant en enfer Garcin essaie de « rire » pour s'illusionner sur la cruauté de son sort (pour abuser le garçon aussi);

- se rendant compte de l'absence de glace, Estelle s'évanouit pour que s'évanouisse le monde qui lui est hostile.

En revanche, ce qui peut paraître assez maladroit de la part de Sartre, ce sont ces « retours » sur terre qui, s'ils rervent son projet de montrer la réification des morts sous le segard des vivants, détonnent quelque peu avec l'ensemble. D'autant plus qu'ils s'associent à des passages d'un lyrisme souvent assez lourd (ou grotesque) mal adapté aux thèmes. Enfin le mélange des temps - on ne sait si les personnages sont morts depuis deux jours, une semaine, deux mois, six mois - apporte-t-il vraiment une dimension supplémentaire à cet enfer qui se situe précisément hors du temps et hors de l'espace ?

---

1. Pour l'explication suivie en classe on aura ainsi intérêt à suivre ce plan «logique» tel qu'il est suggéré dans *Étude descriptive du texte, Les unités de texte dans leur progression,* p. 23-28.

Conclusion

UN CONSTANT DÉPASSEMENT

Huis clos marque la fin d'une époque dans l'œuvre de Sartre :
le souci littéraire et intellectuel y est encore prééminent.
D'autre part son sens et sa portée sont largement indépendants
des événements d'actualité, contemporains de sa rédaction
(même si nous avons pu relever un certain nombre de rapports
- qui ne forment jamais toutefois l'essentiel du message).
Après *Huis clos*, ainsi que l'étude des pièces de 1946 nous
l'a montré (cf. *L'Idéologie*, p. 63-65), Sartre *engage* son théâtre
dans la réalité sociale et politique, ne craignant pas de sacri-
fier ses dons d'écrivain. L'homme d'action et l'analyste
continueront d'écrire, mais même s'il se laisse aller à la
« création littéraire », Sartre le fait afin d'illustrer ses thèses,
de défendre une idée.

Cette évolution, que certains pourraient considérer
comme suicidaire, signifie pour Sartre sa *libération*. Cette
libération à laquelle tend aussi son œuvre romanesque à la
même époque, et dont le titre est si explicite : *Les Chemins de
la liberté*. Cette libération, c'est celle d'une individualité enfer-
mée, prisonnière dans son individualisme, dans un individualisme pétri d'idées et d'idéaux abstraits qui ne tiennent
pas compte de la réalité, des événements où se font les
hommes, où ils souffrent, où ils s'opposent.

Certes dans *Huis clos* les relations concrètes entre les
hommes sont étudiées, mais les personnages - situés hors de
l'espace et du temps - y incarnent beaucoup plus des idées
qu'ils ne figurent la réalité des rapports humains. *C'est une
pièce de laboratoire.*

Pour Sartre, liquider en lui l'écrivain, l'individualiste, c'est tout un. Comme l'a analysé avec précision Francis Jeanson dans son *Sartre par lui-même*, il s'agit de trouver une issue hors de cette « bâtardise » où se trouve plongé « l'intellectuel de gauche » qui par ses privilèges et sa culture fait partie d'une classe sociale qu'il abhorre, mais qui ne peut s'intégrer à la classe des opprimés, à cause de ses habitudes et aussi de l'exercice de sa pensée. En un mot la lucidité de sa pensée le dissocie de ses origines, mais il pense « trop » pour pouvoir agir : sa pensée le dissocie aussi de l'action. Alors quelle autre issue, sinon de *faire de sa pensée une action*, de rendre sa pensée active et efficace ?

Simone de Beauvoir décrit comment s'effectua cette prise de conscience chez Sartre : « (Il) pensait beaucoup à l'après-guerre; il était bien décidé à ne plus se tenir à l'écart de la vie politique. Sa nouvelle morale, basée sur la notion d'authenticité, et qu'il s'efforçait de mettre en pratique, exigeait que l'homme « assumât » sa « situation »; et la seule manière de le faire c'était de la dépasser en s'engageant dans une action : toute autre attitude était une fuite, une présentation vide, une mascarade fondées sur la mauvaise foi [1]. »

Est-il besoin d'ajouter que par ce biais *Huis clos* est une « préparation » à cette évolution décisive, puisque son thème est la dénonciation de la mauvaise foi...? Thème qui court également dans *L'âge de raison* où Mathieu, comme Garcin, comme Sartre, met à nu ses contradictions. Et voici la morale qui se dégage du roman, de la pièce, du témoignage de Simone de Beauvoir : c'est dans et par l'action, par le choix d'une action que l'on donne sens au monde et à sa vie. Choisissant l'homme d'action contre l'écrivain, Sartre a accompli *son* choix : l'homme Sartre a étouffé le petit grimaud Jean-Paul tout content de ses écritures.

Toute cette transformation est déjà contenue dans *Huis clos* et on aurait tort de résumer le sens de cette pièce dans la seule formule : « L'enfer, c'est les Autres », car il en est une autre qui, en rétablissant l'équilibre, définit son intention profonde : « Seuls les actes décident de ce qu'on a voulu. »

---

1. Simone de Beauvoir, *La force de l'âge*, p. 442.

▶ Quelques jugements

« (*Huis clos* nous présente) un monde où tous (les) moyens de défense contre l'Autre nous sont systématiquement, l'un après l'autre, supprimés (...) L'homme damné, menacé par l'autre, s'apprête à saisir l'arme habituelle, que dans une situation analogue le monde d'ici-bas lui fournissait; l'arme se présente, mais aussitôt, grâce à une sorte de mécanisme infernal, elle se dérobe. »

ROBERT CAMPBELL,
J.-P. Sartre ou une littérature philosophique,
Éd. P. Ardent, 1947, p. 129.

« Il semble en effet parfaitement possible de voir dans *Huis clos* la mise en scène de cette menace de jugement suprême - l'équivalent, pour un athée, du « Jugement dernier » - que nos semblables ne cessent de faire peser sur nous et qui effectivement s'abattra sur nous dès lors que nous ne pourrons plus, par de nouveaux actes, contribuer au sens de notre propre existence. D'autres que nous, alors, détiendront notre vie, nous n'en pourrons plus rien faire pour nous-mêmes (...) De ce point de vue, l'enfer c'est le regard que porte sur soi, au nom des autres, celui qui sait qu'il va bientôt mourir : sans doute y a-t-il là un moment assez intense, et qui risque fort d'avoir valeur d'éternité. »

FRANCIS JEANSON, *Sartre par lui-même*,
Éd. du Seuil, Collection Écrivains de toujours, p. 29-30, 1955.

« On ne peut contester l'actualité des thèses que défend (Sartre), sa force de conviction, son talent. Son seul théâtre lui mériterait d'ailleurs une place importante dans l'histoire littéraire de ces quinze dernières années. Son influence est celle d'un éducateur puissant, du plus actif *agent de démora-*

lisation qu'ait connu la France depuis Gide (...) Le meilleur Sartre est là : un pyrotechnicien des idées. »

PIERRE DE BOISDEFFRE,
Une histoire vivante de la littérature d'aujourd'hui,
Le livre contemporain, 1958.

« (Dans *Huis clos* Sartre veut démontrer que) les contacts humains sont impossibles ou intolérables aussi longtemps que la sympathie, sous quelque forme que ce soit, amitié, tendresse, indulgence, n'a pas amorti les chocs des amours-propres confrontés. « *L'enfer, c'est les autres* », le mot de Sartre, s'il constate un fait sans l'ériger en loi fatale, n'est que l'écho grinçant du grand cri bernanosien : « *L'enfer, Madame, c'est de ne plus aimer.* » L'autre qui nous gêne, nous tourmente, nous humilie ou simplement nous juge, celui-là, il est vrai, écorche et détruit notre être (...) Mais qu'il ait aussi un cœur, qu'il soit en son intimité, comme nous le sommes tous et chacun, besoin et puissance d'aimer, et tout change : car le regard que chacun portera sur l'autre, loin de le figer comme une chose ou de le clore comme un destin, l'atteindra comme une conscience vivante, c'est-à-dire comme une liberté que l'amour inspire. »

PIERRE-HENRI SIMON, *Théâtre et destin,*
Librairie Armand Colin, p. 188-189, 1959.

« La brillante abstraction de *Huis clos*... apparaît comme un ferment pour l'esprit et emporte l'adhésion des publics les plus divers. Mais Sartre aussi bien que Camus (sont des) moralistes avant d'être dramaturges, ils ne voient dans le théâtre qu'un moyen efficace - mais non le principal à leurs yeux - de signifier leurs options philosophiques. A aucun moment, ils ne tentent d'en révolutionner la forme et les structures, versant avec insouciance leur vin nouveau dans les vieilles outres du théâtre traditionnel. »

GENEVIÈVE SERREAU, *Histoire du « nouveau théâtre »,*
Gallimard, Collection Idées, p. 26, 1966.

▶ Thèmes de réflexion

Analyse du texte

1. Relever la progression
   - de la prise de conscience, par les personnages, de leur situation « infernale »,
   - de leurs différents échecs d'alliance à deux ou à trois (amour, désir sexuel, pitié, indifférence...),
   - du dévoilement de la mauvaise foi chez Estelle et Garcin. Le rôle d'Inès dans ce dévoilement.

2. Étudier les réactions des personnages pendant leur confrontation. Que révèlent leurs émotions, leurs crises, leur « comédie » ? En quel sens sont-elles des « conduites magiques » ?

3. Préciser les motifs de la *damnation* de chaque personnage. Étudier dans le détail leur vie. L'échec de Garcin l'intellectuel rêvant d'héroïsme, d'Estelle la coquette se fuyant dans l'imaginaire et dans les conventions, le cas d'Inès : réussite relative ? passion de l'échec ?

4. La mise en scène de l'enfer. Pourquoi ce salon, cette atmosphère ? Fonction des objets (sonnette, coupe-papier, bronze de Barbedienne...). Le fantastique et le tragique de la vision sartrienne. L'impression de malaise.

5. La concision du style. La brutalité des heurts psychologiques hors des conventions sociales habituelles. Le sens de la formule frappante (« L'enfer, c'est les Autres »...) et du symbole : le miroir, le regard.

6. La mort-vivante. Les morts et leur existence passée. Les spectateurs et la projection sur scène de leur condition mortelle.

7. Fonction de la pièce : une prise de conscience de notre responsabilité, une dénonciation de la mauvaise foi. Conception de la liberté et de la responsabilité chez Sartre. Magie du théâtre et portée du message théâtral.

« Huis clos » dans l'œuvre de Sartre

1. *Huis clos* et *L'être et le néant* : la liberté (p. 555-560), l'angoisse (p. 65-72), la mauvaise foi (p. 94-100), le pour-autrui (p. 311-330), échecs de l'amour, de l'indifférence, de la haine (p. 444-484).

2. *Huis clos* et la théorie des émotions *(Esquisse d'une théorie des émotions)*. *Huis clos* et le message moral de l'existentialisme *(L'existentialisme est un humanisme)*.

3. Un théâtre phénoménologique. Contre le théâtre de caractères. La notion de situation dans le théâtre de Sartre.

4. *Huis clos* et *L'âge de raison*. L'irresponsabilité. La lâcheté. Le thème du trio. Mathieu-Garcin-Sartre. Une confession et l'annonce d'un dépassement moral.

5. *Huis clos* entre *Les mouches* et les deux pièces de 1946 : *Morts sans sépulture*, *La p... respectueuse*. Évolution des thèmes de la liberté, de la responsabilité, de la société.

« Huis clos » et les idées de Sartre sur la littérature

1. Envers le réalisme. Impact de cette situation « irréelle ». Étudier l'article sur Faulkner et la temporalité *(Situations I)* et sur Blanchot et le fantastique *(ibid.)* pour définir les effets recherchés.

2. *Huis clos*, pièce engagée ?

3. Pour Sartre la « métaphysique » d'un artiste détermine non seulement le choix de son sujet, mais aussi la forme élue. Comment *Huis clos* confirme-t-il cette thèse ?

4. *Huis clos*, liquidation d'obsessions infantiles (cf. *Les mots*) après l'échec du trio affectif (cf. Simone de Beauvoir, *La force de l'âge*) et l'expérience de la guerre (cf. *La mort dans l'âme*).

Exercices

1. Écrire une scène supplémentaire à *Huis clos*.

2. Introduire un quatrième personnage de votre choix dans le texte (par exemple vous-même).

3. Comparer la vision de la mort dans *Huis clos* et dans *Les jeux sont faits* (film ou scénario).

▶ Bibliographie

Quelques études de base

ALBÉRÈS R.-M. : *Sartre*, Paris, Éd. Universitaires, Collection
« Classiques du XXe siècle », 1964.
Une initiation claire et judicieuse aux thèmes majeurs
de l'œuvre littéraire (et même philosophique) de Sartre.

DE BEAUVOIR SIMONE : *La force de l'âge*, Paris, Gallimard,
1960.
Le minutieux récit de la vie intellectuelle, sentimentale et
professionnelle de Sartre jusqu'en 1944. Indispensable
pour la genèse des œuvres.

BEIGBEDER MARC et DELEDALLE GÉRARD : *Sartre*, Paris, Bordas
1968.
Brève mais attentive anthologie des textes philosophiques
de Sartre.

BOROS MARIE-DENISE : *Un séquestré, l'homme sartrien*, Paris,
Nizet, 1968.
Étude systématique du thème de la séquestration et de ses
significations éthiques (comme philosophiques).

CAMPBELL ROBERT : *Jean-Paul Sartre ou une littérature philosophique*, Éd. Pierre Ardent, 1945.
La philosophie et l'œuvre littéraire de Sartre étudiées
avec clarté et précision, dans leur interaction.

JEANSON FRANCIS : *Le problème moral et la pensée de Jean-Paul
Sartre*, Paris, Éd. du Myrthe, 1947; Éd. du Seuil, 1965.
L'étude de base pour avoir accès à l'ontologie et à l'éthique
sartriennes.

JEANSON FRANCIS : *Sartre par lui-même*, Paris, Éd. du Seuil,
Collection « Écrivains de toujours », 1955.
Analyses précises des rapports entre l'homme et l'écrivain
et de la fonction de l'écriture.

LILAR SUZANNE : *A propos de Sartre et de l'amour*, Paris, Gras-
set, 1967.
Une vive critique des thèses sartriennes.

VARET GILBERT : *L'ontologie de Sartre*, Paris, Presses Universitaires, 1948.
Une description du système philosophique de Sartre,
pour philosophes avertis.

Quelques lectures complémentaires

ALBERTS C.-P. : *La porte ouverte (De open hal)*, Den Haag, Utig « De Waterman », 1949.
Ces « scènes supplémentaires dédiées à J.-P. Sartre » dénoncent avec fantaisie la facticité du thème de *Huis clos*.

AUDRY COLETTE : *Connaissance de Sartre*, Paris, Julliard, 1950.

AUDRY COLETTE : *Sartre*, Paris, Seghers, Coll. « Philosophes de tous les temps », 1966.

BEIGBEDER MARC : *L'homme Sartre*, Paris, Bordas, 1947.

BURNIER M.-A. : *Les existentialistes et la politique*, Paris, Gallimard, Coll. « Idées », 1967.

Cahiers de la Compagnie Madeleine Renaud - Jean-Louis Barrault, n° 13, Julliard, 1955.

L'Arc : J.-P. Sartre, janvier-mars 1967.

▶ Filmographie

Les jeux sont faits, J. Delannoy (1947), avec M. Presle, M. Pagliero... (France).

Les mains sales, Rivers-Berriau (1951), avec P. Brasseur, D. Gélin, C. Nollier (France).

Huis clos, J. Audry (1954), avec Arletty, G. Sylvia, F. Villard, J. Debucourt (France).

Index des thèmes

COLLECTION PROFIL

Aubin Imprimeur
LIGUGÉ, POITIERS

Achevé d'imprimer en janvier 1991
Nº d'édition 12385 / Nº d'impression L 36871
Dépôt légal janvier 1991 / Imprimé en France